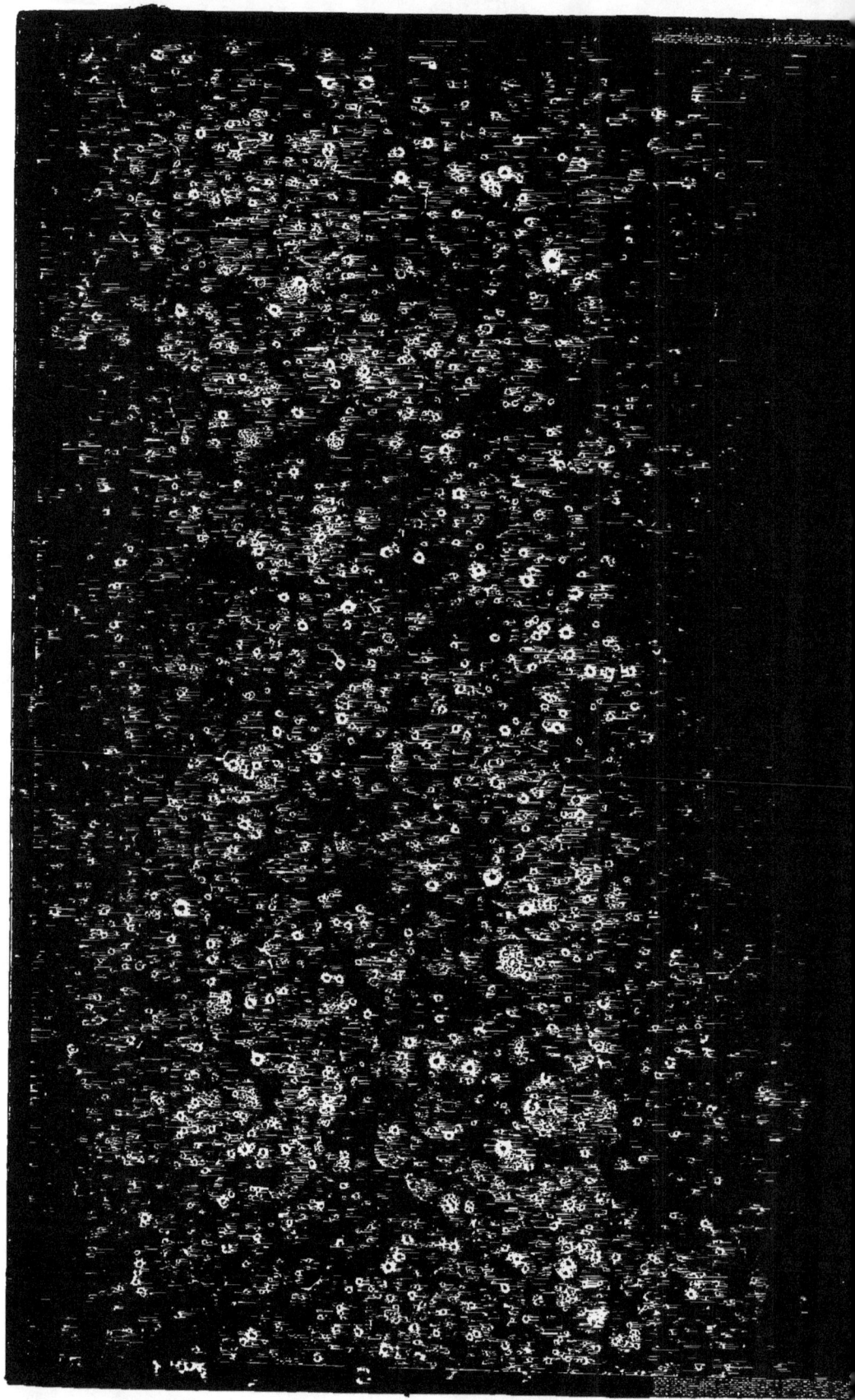

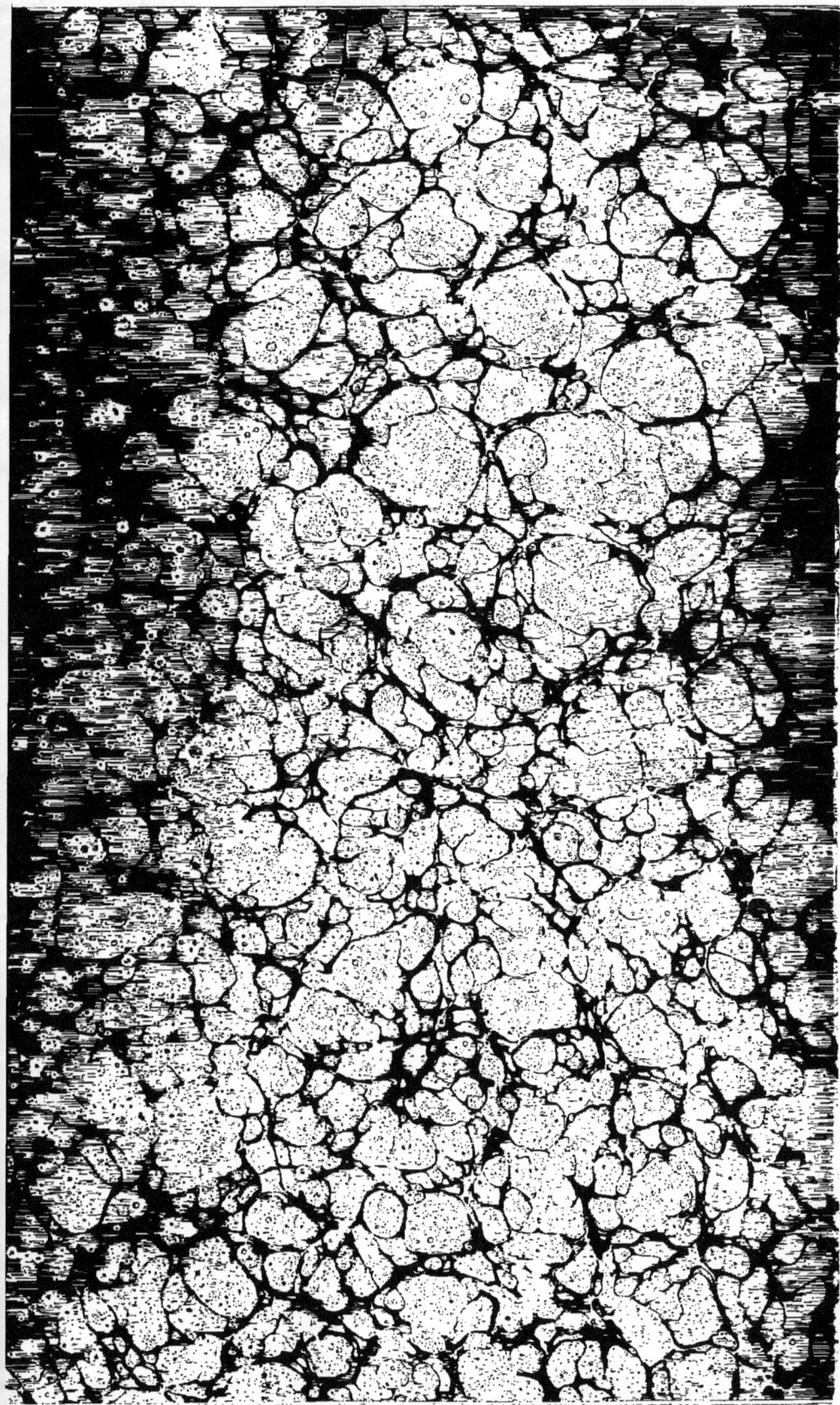

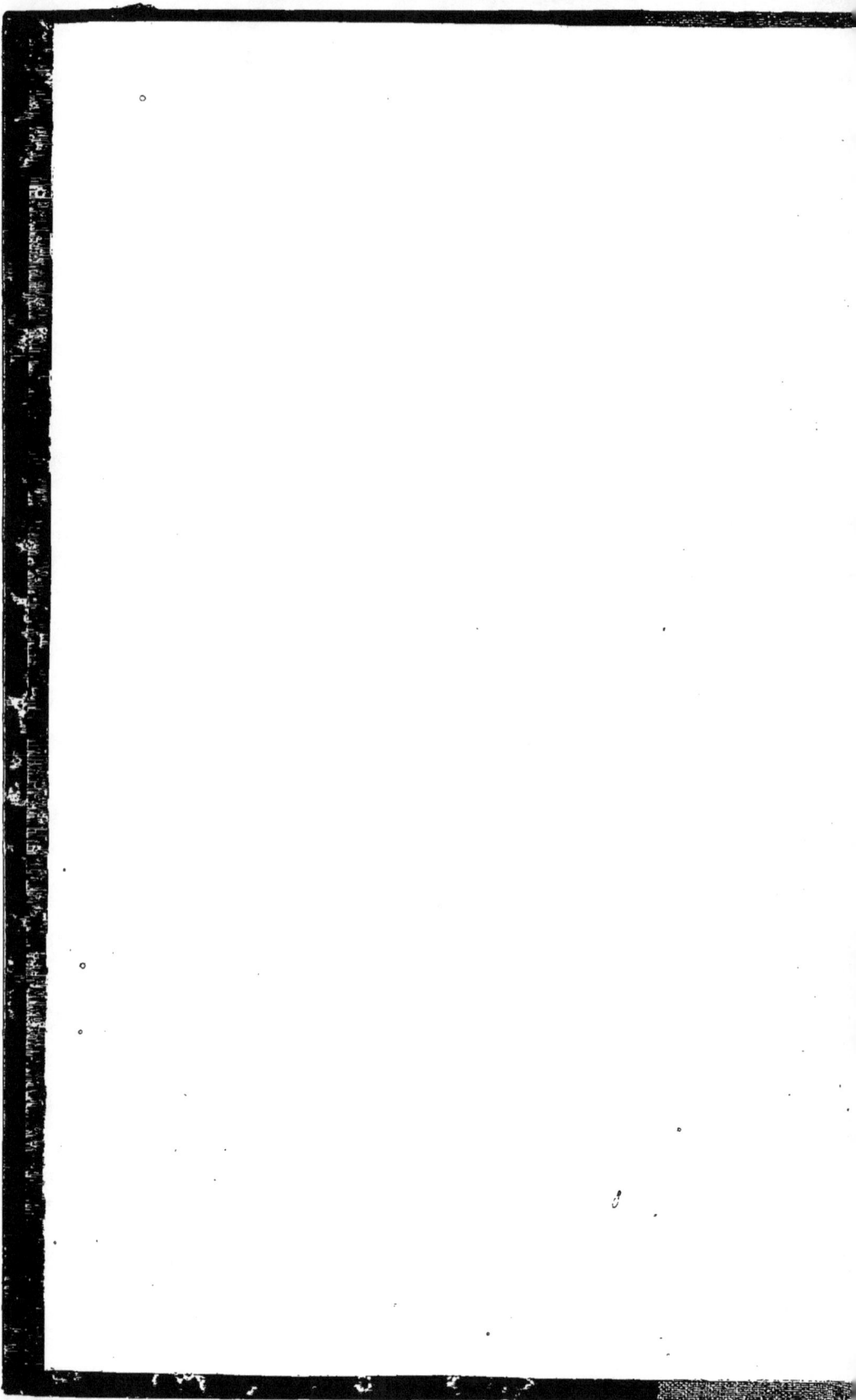

ALFRED DUQUET

ENCORE

LA

Retraite à Sedan

RÉPLIQUE

A « LA RETRAITE SUR MÉZIÈRES », PAR UN OFFICIER SUPÉRIEUR

LIBRAIRIE MILITAIRE BERGER-LEVRAULT & CIE

Éditeurs de la « Revue de Cavalerie »

PARIS | NANCY
5, RUE DES BEAUX-ARTS, 5 | 18, RUE DES GLACIS, 18

1903

ENCORE

LA

Retraite à Sedan

ALFRED DUQUET

ENCORE

LA

Retraite à Sedan

RÉPLIQUE

A « LA RETRAITE SUR MÉZIÈRES », PAR UN OFFICIER SUPÉRIEUR

LIBRAIRIE MILITAIRE BERGER-LEVRAULT & Cⁱᵉ

Éditeurs de la « Revue de Cavalerie »

PARIS	NANCY
5, RUE DES BEAUX-ARTS, 5	18, RUE DES GLACIS, 18

1903

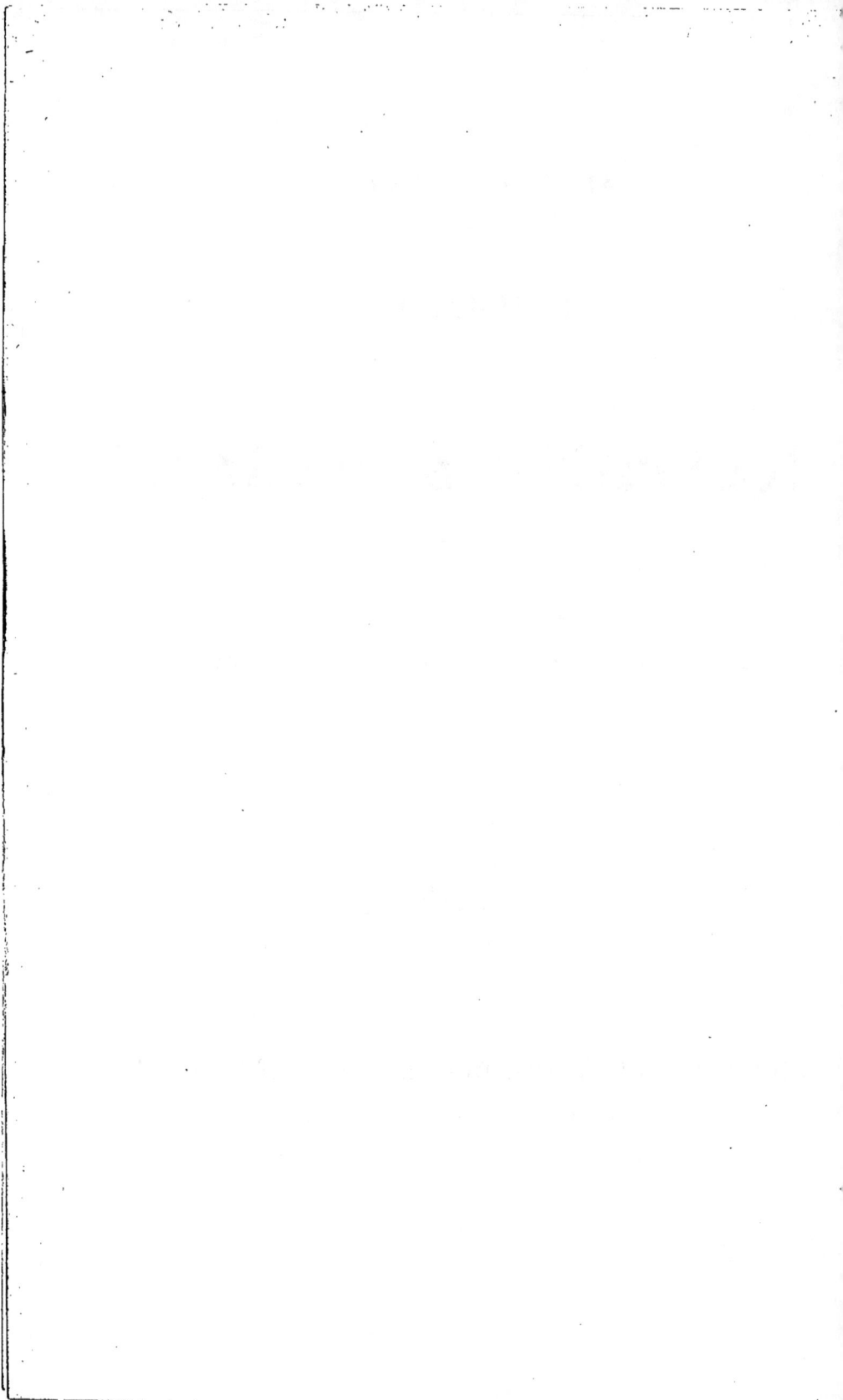

ENCORE

LA

Retraite à Sedan

RÉPLIQUE

A « LA RETRAITE SUR MÉZIÈRES » PAR UN OFFICIER SUPÉRIEUR

————•|•————

Il est curieux de constater l'influence que le général Ducrot a conservée sur un grand nombre de Français, militaires ou civils. Les critiques, adressées au collaborateur du maréchal de Mac-Mahon et du général Trochu, relativement à la tactique suivie par lui au cours de la guerre de 1870-1871 — fussent-elles les mieux fondées — glissent sur des gens résolus à n'entendre aucune cloche en désaccord avec le son de leurs préférences, de leurs partis pris, pouvant troubler leur admiration pour le général de Wissembourg, de Sedan, de Champigny et de Buzenval. On rencontre bien peu de ses dévots qui s'inclinent loyalement devant la réalité.

Sans doute, la politique est pour beaucoup dans cet état d'âme, mais nous ne voulons même pas effleurer cette hideuse mégère et croyons arriver simplement à expliquer ce fétichisme, chez des hommes de grand cœur et de haut esprit, comme l'officier supérieur, notre ami, qui a cru devoir répondre à notre brochure *La Retraite à Sedan* [2] et que nous désignerons, dans cette répli-

---

1 Voir *Revue de cavalerie*, livraisons de décembre 1902. janvier et février 1903.

2. *La Retraite à Sedan*, par Alfred Duquet ; Paris, bureaux de *L'Armée territoriale*, 12, rue Grange-Batelière ; 1902.

RETRAITE A SEDAN.   1

que, par le pseudonyme, dont il s'est précédemment plusieurs fois servi, de Y. K. [1]. Nous expliquons donc, chez eux, ce fétichisme, qui leur congestionne le cerveau quand la moindre réserve est formulée contre la valeur militaire de leur idole, par l'indiscutable prescience des événements de 1870, qu'a montrée le général Ducrot dans ses lettres, envoyées de Strasbourg, notamment dans la lettre au général Trochu, datée du 5 décembre 1866, où l'on lit : « Pendant que nous délibérons pompeusement et longuement sur ce qu'il conviendrait de faire pour avoir une armée, la Prusse se propose tout simplement et très activement d'envahir notre territoire. Elle sera en mesure de mettre en ligne 600 000 hommes et 1 200 bouches à feu avant que nous ayons songé à organiser les cadres indispensables pour mettre au feu 300 000 hommes et 600 bouches à feu [2]. »

On oublie trop que, tout en prédisant une guerre prochaine, le 8 mars 1870, il écrivait au général Frossard que cette guerre était « très désirable [3] ». On oublie, enfin, que, les 28 et 29 juillet, quelques heures avant Wissembourg, Frœschwiller et Forbach, il écrivait à Mme Ducrot que les Prussiens « nous attendaient avec une certaine anxiété [4] », que « nous continuions à jouir d'un calme parfait, que toutes nos petites et grandes affaires s'organisaient à merveille et que, bientôt, nous serions outillés de manière à pouvoir faire de bonne besogne [5] ».

C'était bien l'homme qui, la veille du jour où la IIIe armée allemande allait écraser la division Abel Douay, télégraphiait à Strasbourg, d'où l'on signalait les mouvements de l'ennemi vers Wissembourg : « La menace des Bavarois me paraît une pure fanfaronnade [6]. » Et il était 4 heures du soir quant il expédiait cette dépêche ! C'était bien l'homme qui, le même jour, avait

---

1. Voir *Revue de cavalerie,* numéro de janvier 1903, p. 398, note 2, p. 419, note 1, et page 431.

2. *La Vie militaire du général Ducrot;* Paris, Plon, 1895; p. 145 et 146.

3. *Ibid.,* p. 330.

4. *Ibid.,* p. 346.

5. *Ibid.,* p. 346 et 347.

6. *Histoire de la Guerre franco-allemande de 1870-1871,* par Amédée Le Faure; Paris, Garnier frères, 1875; t. Ier, p. 99.

écrit au général Abel Douay, placé sous ses ordres : « Je ne pense pas que l'ennemi soit en forces dans nos environs [1]. »

Un tel aveuglement, sur le terrain de la lutte, après de si lumineux avertissements avant le combat, nous avait tout de suite fait douter des qualités du général Ducrot, comme stratégiste, comme tacticien ; l'étude successive de son rôle pendant la guerre nous a confirmé définitivement dans l'opinion où nous étions de sa légèreté militaire [2].

Mais il n'en reste pas moins que les lettres prophétiques du général et, aussi, la juste appréciation qu'il a eue de la tactique à employer par les armées de province, lors du siège de Paris, c'est-à-dire la guerre de partisans faite en grand, raisonnée [3], ont fait sa réputation, frappé justement beaucoup de personnes et peuvent expliquer la fidélité à sa mémoire.

Maintenant que justice lui a été rendue, en bien et en mal, avant de passer à l'examen de l'argumentation développée par notre ami Y. K. dans ses articles de la *Revue de cavalerie,* débarrassons le terrain de deux observations préliminaires de notre contradicteur.

Tout d'abord, pourquoi nous avertir de prétendues erreurs commises par nous, dans notre brochure *La Retraite à Sedan,* quand nous avons, huit jours après la publication, donné les raisons qui nous avaient fait attribuer au général Ducrot le travail *Retraite sur Mézières,* paru en 1885 [4] ? Il est inutile d'informer quel-

---

1. *Wissembourg ;* réponse du général Ducrot à l'état-major prussien ; Paris, Dentu, 1873 ; p. 12.

2. Voir, sur la faiblesse militaire du général Ducrot : Alfred Duquet, *Frœschwiller, Châlons, Sedan ;* Paris, Bibliothèque Charpentier, 1880 ; p. 27 à 33, 40 et 41, 46 et 48, et 392 à 397. — *Paris, Le Quatre-Septembre et Châtillon,* par Alfred Duquet ; Paris, Bibliothèque Charpentier, 1890 ; p. 175 et suivantes. — *Paris, Thiers, le Plan Trochu et L'Hay,* par Alfred Duquet ; Paris, Bibliothèque Charpentier, 1895 ; p. 269 et suivantes. — *Paris, le Bombardement et Buzenval,* par Alfred Duquet ; Paris, Bibliothèque Charpentier, 1898 ; p. 263 et suivantes. — *Le Spectateur militaire,* numéros des 1er mai 1893, p. 188 à 200 ; 15 mai 1893, p. 256 à 274 ; 15 juin 1896, p. 422 à 438 ; 1er juillet 1896, p. 35 à 57 ; 15 juillet 1896, p. 92 à 111. — Enfin, *La Retraite à Sedan,* sus-rappelée.

3. *La Vie militaire du général Ducrot,* p. 427. — *La Sortie de la Marne* (30 novembre 1870), par Y. K. ; Paris, Chapelot, 1901 ; p. 31.

4. *Retraite sur Mézières, le 31 août et le 1er septembre 1870 ; Annexe à la Journée de Sedan,* par le général Ducrot ; Paris, Baudoin, 1885.

qu'un d'une chose qu'il connaît. En tous cas, si l'on signale une méprise à un écrivain, il n'est pas mauvais d'indiquer, au moins en peu de mots, de quelle manière ledit écrivain se défend d'avoir commis cette méprise. C'est toujours ainsi que nous procédons ; or, notre sympathique contradicteur a oublié de faire suivre ses tardifs et obligeants avertissements par notre réponse. Comblons cette lacune.

On lit, dans *L'Armée territoriale*, numéro du 7 juin 1902 :

« *Réponse à une critique.*

« Un officier supérieur (tout en acceptant nos conclusions) nous reproche d'avoir attribué au général Ducrot, dans notre travail *La Retraite à Sedan*, une brochure parue trois ans après sa mort et d'avoir fait influencer le général par un ouvrage du commandant Canonge, postérieur à cette mort.

« Nous avons attribué la brochure au général Ducrot parce que son titre :

RETRAITE SUR MÉZIÈRES
LE 31 AOUT ET LE 1ᵉʳ SEPTEMBRE 1870

ANNEXE A LA JOURNÉE DE SEDAN
par le général DUCROT

démontrait que l'auteur en était le général lui-même ; parce que la brochure ne portait pas d'autre signature ; parce que, tous les jours, paraissent des livres posthumes ; parce qu'on lit, à la première page : « Ayant souvent entendu le général Ducrot *ra-* « *conter, discuter, analyser* ces tristes événements, avec cette « grandeur de vues qui n'avait d'égale que la plus haute impar- « tialité, nous avons essayé de rassembler nos *notes*, nos *souvenirs* « et d'en donner un *loyal exposé* » ; parce qu'alors c'était bien Ducrot qui *racontait*, qui *discutait*, qui *analysait ;* parce que c'était à lui que nous devions répondre et non au secrétaire ano- nyme ; parce que l'officier qui a publié l'*Annexe à la Journée de Sedan* nous avait dit et écrit que c'étaient les opinions de son chef qu'il avait voulu donner au public.

« Quant à l'*Histoire militaire contemporaine* du commandant Canonge (aujourd'hui général), si elle n'avait pas encore paru au moment de la mort du général Ducrot, celui-ci ne l'en avait pas moins connue, attendu que le général Canonge nous a, depuis longtemps, déclaré avoir remis à Ducrot en personne son cours fait à l'École supérieure de guerre, cours reproduit dans l'*Histoire militaire contemporaine* publiée postérieurement. Il n'est donc pas étonnant que l'officier, auquel nous devons les *récits, discussions* et *analyses* de Ducrot sur Sedan, ait retrouvé, dans ses *notes,* les opinions de ce général s'appuyant sur le cours du commandant Canonge afin de discuter la question de la retraite sur Mézières.

« Aussi bien, tout cela n'est qu'une affaire de *forme* et ne change rien au *fond ;* il fallait démontrer l'impossibilité de la retraite vers Mézières à 9 heures, à 8 heures du matin. C'est fait.

« ALFRED DUQUET. »

Du reste, dans sa droiture, Y. K. reconnaît que le général Ducrot a eu, entre les mains, les premières épreuves de l'ouvrage du commandant Canonge [1] ; c'est la confirmation pure et simple de ce que nous avons avancé.

Cette querelle de mots, un peu enfantine, un peu taquine, une fois vidée, examinons la seconde observation préliminaire de notre si courtois adversaire.

Afin de répondre à toutes les citations françaises et allemandes prouvant l'impossibilité de la retraite par Vrigne-aux-Bois, de 8 à 9 heures du matin, accumulées dans notre brochure *La Retraite à Sedan,* Y. K. en apporte, à son tour, un petit nombre qui, sauf quelques-unes, ne sont pas en opposition avec les nôtres puisqu'elles blâment simplement la faute commise par le duc de Magenta en entassant son armée aux environs de Sedan, sans occuper Illy, Fleigneux, Saint-Menges, le Hattoy, le défilé de Saint-Albert, en plaçant naïvement sa cavalerie au milieu de son infanterie au lieu de l'employer à se renseigner, à faire sauter les

---

1. *Revue de cavalerie,* numéro de décembre 1902, p. 278.

ponts et à s'opposer, dans la limite du possible, au passage de la Meuse par les troupes de la IIIe armée.

Là-dessus, tout le monde est d'accord et ce n'est pas nous qui prendrons la défense du maréchal de Mac-Mahon, pas plus que nous n'avons blâmé, ne blâmons le général Ducrot d'avoir conseillé la retraite sur Mézières, à la date du 31 août, jour où elle était faisable si un corps avait été employé, dès l'après-midi, à conjurer la traversée de la rivière par l'ennemi et, au besoin, sacrifié pour permettre au restant de l'armée française de s'écouler vers l'ouest, sans être inquiétée sur son flanc gauche, les Allemands occupant déjà, ce jour-là, la rive méridionale de la Meuse, presque jusqu'à Mézières [1].

Quant aux déclarations de MM. Grouard et Bonnal et des deux professeurs de l'École supérieure de guerre en 1879 et en 1887, il serait bon de les voir étayées par des raisonnements, sans quoi ce sont de simples assertions personnelles qui ne s'expliquent que par l'ignorance où se trouvaient leurs auteurs de la position des troupes du prince Royal, le matin du 1er septembre, à 8 heures [2].

Ainsi, le savant général Canonge a loyalement reconnu, dans une conférence faite au cercle de la rue du Luxembourg, le 19 janvier 1903, que notre brochure, *La Retraite à Sedan,* lui avait enlevé les illusions dont on se berçait, dans le milieu militaire, au sujet de la possibilité de la retraite par le défilé de Saint-Albert et Vrigne-aux-Bois, le matin du 1er septembre [3].

Au surplus, en ce qui concerne ce point des citations, il suffira, pour les personnes désireuses de connaître les différentes opinions sur le litige, d'entendre les deux cloches, de lire notre brochure et la réponse de l'officier supérieur Y. K. On verra de quel côté sont les jugements les plus justes et nous nous permettons d'exprimer, ici, le regret que notre adversaire ait cru devoir traiter si cavalièrement M. Jules Claretie, de l'Académie française,

---

1. *Siège de Paris. Opérations du 13e corps et de la Troisième armée,* par le général Vinoy ; Paris, Plon, 1874 ; p. 33, 45, 46 et 48.

2. Le général Bonnal a protesté contre l'interprétation donnée par Y. K. à une phrase de lettre de politesse. Voir, *infrà,* le post-scriptum.

3. Voir : *La Patrie,* numéro du 22 janvier ; *L'Armée territoriale,* numéro du 24 janvier ; *L'Écho de Paris,* numéro du 26 janvier 1903.

le capitaine Félix Bonnet, M. Eugène Véron et le colonel Ferdinand Lecomte, l'élève préféré de Jomini [1]. Qu'il s'en rapporte à nous : ils valent bien M. Loupot, fabricant de vermicelle [2] !

Le terrain ainsi déblayé, pour rendre notre réplique plus claire, plus probante, plus irrésistible, nous adopterons les propres divisions de notre éminent contradicteur et nous examinerons, plus ou moins longuement, chacune de ses propositions [3].

I

« La praticabilité, en 1870, du bois de la Falizette et de la région forestière longeant la frontière belge [4]. »

Ici, une discussion intéressante peut s'engager sur la viabilité des bois de la Falizette et du Grand-Canton, par où l'armée française, d'après les dires du général Ducrot et de ses avocats, aurait eu la liberté de s'écouler, à défaut de la route par Vrigne-aux-Bois.

Nous avons démontré, à deux reprises [5], que ces bois n'étaient pas pourvus de chemins allant de l'est à l'ouest, les seuls utiles pour la retraite vers Mézières ou Rocroi. Comment Y. K. démolit-il ces démonstrations irréfutables ?

Par les déclarations du commandant Debord et de MM. Coustis de la Rivière, Guèze et Gendron d'abord, ensuite par une citation tirée d'une étude officielle du commandant, depuis général Kessler.

Nous avons déjà répondu aux affirmations contradictoires des quatre premiers déclarants [6], nous ne recommencerons pas, car on ne saurait sérieusement opposer les dires d'amateurs, n'étant

---

1. *Revue de cavalerie*, numéro de décembre 1902, p. 282.
2. *Ibid.*, p. 281.
3. Voir ces propositions, que nous reproduisons en tête de chacune de nos divisions, dans la *Revue de cavalerie*, numéro de décembre 1902, p. 284.
4. *Ibid.*, p. 286.
5. Alfred Duquet, *Frœschwiller, Châlons, Sedan*, p. 375, 378, 379 et 392 à 397. — *La Retraite à Sedan*, p. 18 à 29.
6. Voir *La Retraite à Sedan*, p. 18 à 29.

venus dans ces parages qu'accidentellement, à ceux des habitants du pays, à ceux d'un propriétaire, d'un usinier, ayant sa maison, sa fabrique sur la lisière même de la forêt, comme M. Payard [1]. En revanche, nous allons reproduire intégralement la partie, citée par notre adversaire, du travail du général Kessler car, selon les expressions d'Y. K., « il en ressort, sans contestation possible, que les renseignements donnés au général Ducrot par le commandant Debord (et au général Canonge par MM. Coustis de la Rivière, Guèze et Gendron) étaient absolument *inexacts* et qu'en dehors de Bosséval [2] il *n'y avait pas*, traversant le massif forestier de l'est à l'ouest (c'est-à-dire les bois de la Falizette ou du Grand-Canton), deux routes empierrées [3] ».

Voici la citation :

« Dans la *Notice descriptive et statistique sur le département des Ardennes* (Paris, Imprimerie nationale, 1878) rédigée, en 1877, à l'état-major général du 6ᵉ corps d'armée, par M. Kessler, chef d'escadron d'état-major (depuis, commandant du 6ᵉ corps d'armée, membre du conseil supérieur de la guerre), nous lisons : « *Massif compris entre la Semoy, la Meuse et la Chiers jusqu'à* « *Escombres* (c'est-à-dire, outre les bois à l'est de la route de « Bouillon, ceux d'Illy, de Floing, du Grand-Canton, de Condé, « de la Grandville, soit la zone forestière entre la Meuse et la « frontière belge).

« Les essences dominantes sont le chêne et le bouleau au nord-« ouest et le chêne dans le cantonnement de Sedan. Le massif est « aménagé en taillis simple et en taillis sous futaie, *à la révolu-* « *tion de vingt-cinq ans*..... *Les routes forestières empierrées* sont

---

1. Voir, dans *Histoire militaire contemporaine*, par le commandant Canonge, Paris, Bibliothèque Charpentier, 1886, p. 219, note 2, ce que l'auteur pense de M. Payard. — En ce qui concerne M. Debord, si le général Ducrot et ses défenseurs ont été aussi bien renseignés par ledit M. Debord sur la viabilité du bois de la Falizette qu'ils le sont ou l'ont été, sur leur guide, nous ne nous étonnons pas de leurs illusions touchant cette viabilité. Et, de fait, dans son livre *La Journée de Sedan*, Paris, Dentu, 1871, le général Ducrot, p. 43, et Y. K., dans sa réponse de la *Revue de cavalerie*, nᵒ de décembre 1902, p. 288, proclament avec insistance que le capitaine adjudant-major Debord « est *né à Sedan* ». Or, ce *Sedanais* se trouve être un *vrai Gascon*, puisqu'il a vu le jour à Mialet, Dordogne !

2. Faute d'impression à rectifier, Y. K. a voulu écrire : Vrigne-aux-Bois.

3. *Revue de cavalerie*, numéro de décembre 1902, p. 293 et 294.

« larges de trois à dix mètres. Situées toutes dans le cantonne-
« ment de Sedan, elles sont tracées à mi-côte et se dirigent du
« nord au sud, *à l'exception de celles du Lazaret et du Morthéan*
« *qui traversent le massif de l'est à l'ouest. Ces routes, dont les*
« *pentes ne dépassent pas un dixième, sont en bon état quelle que*
« *soit la saison.*

« Les routes forestières non empierrées et les tranchées sont
« d'un parcours facile en été, leur largeur varie de trois à qua-
« torze mètres... *Les piétons n'éprouvent de difficultés à passer*
« *sous bois que dans quelques parties de jeunes taillis* [1]. »

Il nous semble que cette citation est destructive de la thèse de
l'avocat de M. Ducrot, des déclarations de MM. Debord, Coustis
de la Rivière et consorts ? En effet, qu'avons-nous toujours soutenu ? que des routes traversaient la forêt: seulement, c'était du
sud au nord ! Le général Kessler dit que toutes « se dirigent du
nord au sud » ; n'est-ce pas le cas de rappeler le proverbe de nos
paysans : *Jus vert, Verjus ?*

Et la route du Lazaret, et celle du Morthéan, qu'en faites-vous ?
Celles-là traversent les bois de l'est à l'ouest ; c'est par elles que
l'armée française aurait pu s'écouler. Comment parez-vous ce
coup droit ? me criera-t-on.

Eh bien, sur ce point, nous allons monter si facilement au Ca-
pitole que nous en sommes un peu honteux :

A vaincre sans péril, on triomphe sans gloire.

Mais il faut accepter sans façon ce que l'on vous offre libéralement, d'autant mieux que, du même coup, nous allons voir la
manière de raisonner de notre éminent contradicteur : *Ab uno dis-
cetis omnes.*

D'abord, de concert avec M. Marcel, le très compétent conserva-
teur de la Bibliothèque nationale, dont la complaisance et le savoir sont inépuisables, nous avons cherché, sur toutes les cartes
des environs de Sedan existant dans les tiroirs et cartons, les
routes du Lazaret et du Morthéan signalées par le général Kessler,
ou, au moins, deux routes au nord de Fleigneux, de Saint-Menges,

---

1. *Revue de cavalerie*, numéro de décembre 1902, p. 292 et 293.

de la boucle de la Meuse et, notamment, deux voies, carrossables ou non, traversant les bois de la Falizette ou du Grand-Canton de l'est à l'ouest. Nous n'avons pu découvrir ni ces deux noms, ni ces deux voies — sauf le bout de chemin d'exploitation allant de Saint-Menges à Bosséval et coupant, du sud-est au nord-ouest, la petite pointe méridionale de la Falizette sur un parcours d'un peu plus d'un kilomètre — chemin dont nous avons donné la description dans notre brochure *La Retraite à Sedan*[1]. A part ce passage rural, plutôt primitif, rien, rien, rien ! Pas de routes parallèles à la frontière belge !

Pourtant, ces recherches n'ont pas été opérées à la légère ; voici les titres des cartes consultées : 1° carte de l'État-major, *Mézières*, existant en 1870 ; 2° même carte, revisée en 1888 ; 3° carte géologique, agronomique de l'arrondissement de Sedan, exécutée par M. Meugy, inspecteur général honoraire des mines, avec le concours de M. Nivoit, inspecteur en chef des mines. Paris, 1885 (Gé. B. 127) ; 4° carte de la France dressée par ordre du ministre de l'Intérieur par M. Mercier, agent voyer en chef des Ardennes, rectifiée et mise à jour en décembre 1885, tirage de 1886 ; 5° carte routière des Ardennes, dressée en 1886 par MM. Mercier et Charpentier, agents voyers en chef du département (Gé. C. 754) ; 6° *Netz zur Uebersicht der topographischen special Karte von Deutschland* herausgegeben von G. D. Reymann, fortgesetzt durch C. W. v. Oesfeld, Verlag v. c. F. Flemming. Feuilles 177 et 196. Revue en 1869 (Gé. D. D. 214) ; 7° enfin *Uebersichts-Karte zum Kriegsspielplan von Sedan*, divisée en vingt-cinq feuilles allant, au sud, de Chéhéry à Matry, et, au nord, de Vrigne-aux-Bois à la Chapelle. Les feuilles 1, 2 et 3 contiennent la description méticuleuse, maisons par maisons, sentiers par sentiers, des environs de Bosséval, du bois de la Falizette, des environs de Saint-Menges et de Fleigneux. Au 6 250e (Gé. C. 21 209).

Bien plus, à la section géographique du ministère de la guerre, rue de Grenelle, nous avons consulté la carte au 40 000e, vérifiée en 1875, sur l'original même des rectifications à la main faites par l'officier chargé du travail. Pas de chemins de l'est à l'ouest, cou-

---

1. P. 28,

pant la Falizette ou le Grand-Canton! Nous avons eu également
sous les yeux la carte au 40 000ᵉ sur laquelle le commandant
Kessler a opéré. Rien ! Il ne s'y trouve toujours que le mauvais
passage de Saint-Menges à Bosséval, un autre chemin de charrettes
desservant la ferme du Champ-de-la-Grange et remontant vers
le nord, enfin des sentiers de piétons quand le terrain s'y prête,
tracés sur le versant d'une ondulation ou d'un éperon boisés,
tournant à droite, à gauche, montant vers le nord, redescendant
vers le sud, quelquefois s'arrêtant brusquement, le plus souvent
aboutissant aux bonnes routes qui passent au travers de la forêt
des Ardennes, du sud au nord, pour gagner la Belgique ou conduire à la route de Vrigne-aux-Bois.

Par conséquent, l'objection, à nous faite par Y. K., que la carte
de l'État-major de 1870 n'était pas une preuve de la non-existence
des chemins, par l'excellente raison « qu'*il est notoire* qu'avant la
guerre de 1870, cette carte de l'État-major n'était l'objet d'aucune
rectification régulière, sur le terrain, *comme cela se pratique aujourd'hui périodiquement,* qu'elle n'était pas *tenue à jour* [1] », cette
objection tombe quand nous apportons sept cartes militaires et
civiles, françaises et étrangères, établies, moins deux, après 1885,
et sur lesquelles les chemins en état de permettre le défilé d'une
armée de 100 000 hommes ne sont pas tracés !

Mais voici qui est mieux. La carte, annexée à la brochure *Retraite sur Mézières, Annexe à la Journée de Sedan*, par le général
Ducrot — brochure publiée afin de justifier ce général, avec ses
notes, par le colonel Gillon — ne contient point les fameux chemins! Cependant, il résulte des mentions, mises sur ladite carte,
que le colonel Gillon l'avait fait rectifier par un officier, sans doute
à lui dévoué, car on y lit, en haut : « Vérifié et mis à jour, en 1884,
par M. Mézières, sous-lieutenant au 106ᵉ régiment d'infanterie »,
en bas : « Tirage de juillet 1885. »

Que réclame de plus mon honorable contradicteur ? Si pareille
carte est inexacte, au point de vue de la viabilité du bois de la
Falizette, viabilité que le colonel Gillon voulait démontrer [2], com-

1. *Revue de cavalerie*, numéro de décembre 1902, p. 287.
2. *Retraite sur Mézières, Annexe à la Journée de Sedan*, par le général Ducrot,
p. 32 à 34.

ment justifier cette négligence? Non, le colonel Gillon, le sous-lieutenant Mézières n'ont pas porté les routes parce qu'ils n'ont pas voulu commettre un faux et inventer des tracés n'existant pas [1].

Libre à qui le voudra de s'étonner, néanmoins tout cela ne nous a pas suffi : nous nous sommes rendu au ministère de l'Intérieur où nous avons pris la liberté d'interroger le si obligeant, le si savant chef de bureau de la carte de France, M. Anthoine. Là, nous avons, tous deux, cherché les routes introuvables. Toujours rien ! « La Falizette et le Grand-Canton ne sont pas traversés de l'est à l'ouest par des chemins pouvant livrer passage à une troupe de quelque importance », nous a affirmé M. Anthoine.

Nous désespérions donc de trouver les noms de *Lazaret* et de *Morthéan*, de découvrir les routes qui nous auraient condamné, qui auraient étayé les assertions du général Ducrot et de ses tenants, lorsque, suivant le conseil de M. Anthoine, nous tentâmes une dernière démarche. Nous pûmes obtenir, au ministère de l'Agriculture, service des Eaux et forêts, communication d'une pièce qui clôt la discussion. Voici comment elle est intitulée : *Forêt domaniale de Sedan, Plan général dressé à l'échelle de 1 à 20 000 par le géomètre forestier soussigné. Châlons-sur-Marne, le 12 mars 1880. L. Dezers.*

Mais, avant de révéler ce qui se trouve sur cette carte officielle, revoyons : et ce que notre adversaire a la prétention de prouver et ce qu'il dit du travail du général Kessler, sur lequel nous allons appuyer une argumentation victorieuse.

« Il nous faut établir, écrit Y. K., la praticabilité, en 1870, du bois de la Falizette et de la région forestière longeant la frontière belge [2]. »

Comment va-t-il faire la preuve de cette proposition très nette ? Lisons-le :

« Produisons sans plus tarder un document *qui tranche la question* et qui a d'autant plus de valeur qu'il a été établi à une date relativement rapprochée des événements qui nous occupent. *Il*

---

1. Ces chemins ne sont pas indiqués davantage dans l'atlas de l'ouvrage si soigné, si vrai : *Histoire militaire contemporaine*, par le général Canonge. On n'y voit que des routes conduisant en Belgique.

2. *Revue de cavalerie*, numéro de décembre 1902, p. 284.

tranchera, en même temps, le litige relatif aux routes contestées, parallèles à la frontière belge [1]. » Suit ce que nous avons transcrit quelques pages plus haut ; on y lit : Les routes forestières empierrées situées dans le cantonnement de Sedan « *se dirigent du nord au sud, à l'exception de celles du Lazaret et du Morthéan qui traversent le massif de l'est à l'ouest* [2] ».

Donc les routes du Lazaret et du Morthéan sont les seules qu'une armée, battant en retraite d'Illy vers Mézières, au nord de la Meuse, puisse prendre. Donc, elles traversent le bois de la Falizette et celui du Grand-Canton puisque ce sont les seuls qui se trouvent entre la boucle du fleuve et la frontière belge.

On le voit : de toute nécessité, pour aller de Sedan, d'Illy, de Fleigneux, de Saint-Menges, à Mézières ou à Rocroi, sans entrer en Belgique, en passant par l'itinéraire du général Ducrot, au nord de la Meuse, il faut prendre : soit par la route de Vrigne-aux-Bois, soit par la Falizette, soit par le Grand-Canton. Donc, encore une fois, de toute nécessité, étant donné que les routes traversant la forêt des Ardennes, en général, et les bois de la Falizette et du Grand-Canton, en particulier, « *se dirigent du sud au nord* [3] », il faut que celles du Lazaret et du Morthéan soient percées dans les deux bois sus-nommés, puisqu'elles sont, les seules « traversant le massif de l'est à l'ouest [4] », sans quoi elles ne serviraient à rien pour le passage d'une armée en retraite d'Illy sur Mézières, par la région située au nord de la Meuse.

Eh bien, d'après le plan de la forêt domaniale de Sedan, appartenant au ministère de l'Agriculture, plan dressé par le géomètre forestier L. Dezers en 1880 [5], plan conforme à toutes les cartes que nous avons consultées à la Bibliothèque nationale, au ministère de la Guerre, au ministère de l'Intérieur [6], plan conforme aux indications données par le général Kessler, les deux routes, dénommées Lazaret, Morthéan, se trouvent au nord-est du champ de bataille, au nord-est d'Illy !

---

1. *Revue de cavalerie*, numéro de décembre 1902, p. 292.
2. *Ibid.*
3. Notice du général Kessler, voir *suprà*, p. 8.
4. *Ibid.*
5. Voir le titre complet, *suprà*, p. 12.
6. Voir *suprà*.

Ainsi, l'une, la route du Lazaret, la plus rapprochée d'Illy et de Sedan, part d'Olly et se termine à la Chapelle, traversant des futaies qui poussent à sept kilomètres, en moyenne, à vol d'oiseau, à l'est des fourrés de la Falizette et du Grand-Canton; l'autre, celle du Morthéan, commence, au nord de la Chapelle, à la route nationale de Nevers à Sedan et Bouillon, et se dirige vers l'est !

« Voilà donc un document *officiel*, établi avec le plus grand soin, par un officier supérieur (général) du plus haut mérite, en vue d'opérations militaires éventuelles, qui présente par conséquent toutes les garanties » et qui démontre l'absence de chemins allant de l'est à l'ouest, dans les bois de la Falizette et du Grand-Canton. « L'affirmation d'un tel document n'est pas une simple « affirmation », c'est une affirmation « officielle, scientifique et pratique [1] ».

Par conséquent, comme nous l'avons toujours dit, « ces chemins n'étaient bons qu'à jeter une partie de nos soldats en Belgique, sans combat, en déroute, dès 9 heures du matin [2] »; par conséquent, le Lazaret et le Morthéan ne passent ni par la Falizette ni par le Grand-Canton; par conséquent, ils n'étaient d'aucune utilité pour une marche vers l'ouest; par conséquent, rien de plus certain que l'impraticabilité « en 1870, du bois de la Falizette et de la région forestière longeant la frontière belge [3] »; par conséquent, la retraite par ces fourrés, le 1er septembre 1870, à 9 heures du matin, est une hypothèse folle pour quiconque veut réfléchir une minute; par conséquent, notre adversaire, en nous fournissant le travail du général Kessler, en en reconnaissant la valeur irrésistible, s'est chargé lui-même de démontrer que nous avons toujours eu raison. Nous ne pouvons qu'en remercier, du fond du cœur, notre brave ami.

Du reste, sans le vouloir, M. Ducrot a reconnu que la forêt des Ardennes était infranchissable de l'est à l'ouest et de l'ouest à l'est, naturellement, puisqu'il a écrit : Sur les hauteurs de Floing et de Saint-Menges « nous n'avions à redouter que les mouve-

---

1. *Revue de cavalerie,* numéro de décembre 1902, p. 293.
2. Alfred Duquet, *Frœschwiller, Châlons, Sedan,* p. 396.
3. *Revue de cavalerie,* numéro de décembre 1902, p. 284.

ments tournants par Vrigne-aux-Bois (défilé de Saint-Albert) et par Givonne. Mais alors nous n'étions pas au centre de la circonférence décrite par l'ennemi. Nous étions sur *la circonférence même* ; nous pouvions être attaqués sur nos flancs, *mais non pris à revers* (la forêt) [1] ».

De son côté également, Y. K. a bien voulu écrire, dans sa réponse à notre *Retraite à Sedan :* « Une parenthèse : quoi de plus consolant que cette affreuse confusion dans laquelle les généraux allemands tant vantés, du commandant de la IIIe armée aux chefs des XIe et V[e] corps, jettent leurs troupes comme à plaisir ! Qui empêchait le Ve corps de s'élever de Vivier-au-Court, par Vrigne, vers la Claire et de déboucher face à Fleigneux et à Saint-Menges par les bois qu'on n'a pas même fait reconnaître ? *Tous les récits allemands sont muets à ce sujet :* ces bois étaient très praticables, nous le savons. Remarquons que si le Ve corps prenait par les bois après Vrigne, le défilé de la Falizette restait au XIe. Mais non, voilà les deux corps d'armée qui s'entassent pêle-mêle dans ce boyau, enchevêtrant leurs unités [2] ! »

La confusion n'a pas été aussi grande que notre contradicteur le dit ; ce qui a empêché le Ve corps de « déboucher face à Saint-Menges et à Fleigneux » c'est que « les bois n'étaient pas praticables, nous le savons ». Depuis 5 heures du matin [3], la cavalerie prussienne, qui avait poussé jusqu'à Bosséval, n'avait pu trouver un passage pour l'artillerie, pour des régiments d'infanterie, à travers la Falizette. Néanmoins, de la phrase de notre adversaire, il reste la constatation, par lui-même, de la non-traversée de la forêt par les Prussiens, dans leur marche de Donchery sur Saint-Menges et Fleigneux. Ce n'est pas négligeable.

---

1. *La Journée de Sedan,* par le général Ducrot, p. 16. — Colonel Grouard, p. 106.

2. *Revue de cavalerie,* numéro de janvier 1903, p. 412 et 413. — « On s'assurait ainsi le débouché de l'étroit défilé de Saint-Albert qui devait donner passage au XIe et au Ve corps tout entiers. » (*Opérations des armées allemandes depuis le début de la guerre jusqu'à la catastrophe de Sedan,* par le colonel A. Borbstaedt ; traduit de l'allemand par E. Costa de Serda, capitaine au corps d'état-major ; Paris, Dumaine, 1872 ; p. 672.)

3. Nos adversaires français disent : *depuis 7 heures et demie* (*Retraite sur Mézières, Annexe à la Journée de Sedan,* par le général Ducrot, p. 8). — Dans son livre, p. 53, le général Vinoy constate que, vers minuit, de la cavalerie prussienne était déjà à Vrigne-aux-Bois.

Au reste, quand on examine le pays, on comprend pourquoi le besoin ne s'est jamais fait sentir de tracer des chemins allant de l'est à l'ouest à travers la forêt. De Sedan, de Fleigneux, de Saint-Menges, on n'a à se rendre, vers le nord-ouest et l'ouest, qu'à Bosséval, Vrigne-aux-Bois, Mézières. Pour ce trajet, le chemin de grande communication de Sedan à Mézières par le défilé de Saint-Albert, suffit amplement. Il faut, aussi, de bonnes chaussées pour aller, directement, de Fleigneux, de Saint-Menges, de Donchery, en Belgique. Voilà pourquoi la forêt est percée du nord au sud.

Une autre raison, qui aurait empêché la construction de routes de l'est à l'ouest, c'est que ce n'eût été que montées et descentes des plus dures, des plus raides ; c'est là que « les pentes eussent dépassé un dixième [1] », attendu que, dans la Falizette et le Grand-Canton, les vallées vont du nord au sud, comme les ruisseaux descendant vers la Meuse, attendu que c'est à mi-côte qu'il est aisé de faire courir les routes. Les sentiers et chemins d'exploitation s'arrêtent tous à ces routes, où ils débouchent en sens différents, selon les reliefs du terrain. Mais on n'aurait jamais eu l'idée d'établir des voies de communication à travers monts et vaux, car, si les *montagnes russes* peuvent très bien faire à la foire de Saint-Cloud, il n'en irait pas de même au cas où les ingénieurs des ponts et chaussées en appliqueraient le principe à la construction des routes.

En terminant, nous allons donner un passage du récit du grand état-major prussien qui démontre que la *seule* route à prendre, au nord de la boucle, pour aller à Sedan ou pour en sortir, était celle de Vrigne-aux-Bois, qu'il n'y en avait pas d'autres. « Il fallait contourner, au nord, la grande boucle de la Meuse, mais *la route à suivre,* aussi bien par Vrigne-aux-Bois (route de Sedan à Mézières) que le long de la rivière, par Montimont (route de Donchery à Bosséval) est constamment resserrée entre la Meuse et des hauteurs abruptes. A ces conditions, déjà défavorables, s'ajoutait encore *l'obstacle d'un ruisseau qui descend du bois de la Falizette* (et le coupe du nord au sud) pour gagner la rivière, *en formant une*

---

1. Notice du général Kessler. Voir *suprà,* p. 9.

gorge encaissée et profonde ; celle-ci ne peut être franchie en de-
hors de la route [1].

Voilà donc une question bien vidée, cette fois-ci ; libre aux contradicteurs futurs de reparler de chemins ne se trouvant que dans
leur imagination. Quant à notre ami Y. K., nous connaissons trop
sa loyauté pour penser qu'il n'avouera pas avoir été trompé par
des dépositions, par des écrits inexacts ; pour admettre que, après
ce coup d'assommoir, il continuera à soutenir que « le bois de la
Falizette était percé de trois chemins praticables aux trois armes[2]».

Aussi bien, il faut le confesser, cette longue discussion, intéressante et curieuse, à n'en pas douter, n'est qu'une passe-d'armes
au fleuret ; au fond, elle est inutile en ce qui concerne la retraite
vers Mézières, comme nous n'avons jamais cessé de le répéter.
Voici pourquoi :

1° En admettant — contrairement aux témoignages des gens
du pays, non des gars de Gascogne, contrairement aux cartes, aux
reconnaissances sur les lieux, au plan de la forêt domaniale de
Sedan, à la notice du général Kessler — que le bois de la Falizette
était praticable, en 1870, pour le passage d'une armée ; en admettant même qu'il était traversé, de l'est à l'ouest, par quatre
superbes routes impériales, partant de Saint-Menges et de Fleigneux, et puis, après ? En quoi cela aurait-il rendu possible, vers
9 heures du matin, — moment indiqué par les défenseurs de
M. Ducrot[3] — la retraite de l'armée de Châlons du côté de Mézières ou de Rocroi ?

Arrivés à la route de Donchery à Sugny, route passant par la
Briqueterie, qu'auraient fait les premiers débouchants du bois

1. *La Guerre franco-allemande de 1870-1871*, rédigée par la section historique du
Grand État-major prussien ; traduction de M. le capitaine E. Costa de Serda, de l'État-
major français ; Paris, J. Dumaine, 1875 ; 1re partie, p. 1085 et 1086. — *Retraite sur
Mézières, Annexe à la Journée de Sedan* par le général Ducrot, p. 29. — « Un seul
pont permettait de franchir le ruisseau de la Falizette. » (*Le Correspondant*, numéro
du 25 août 1900, p. 626.) L'auteur de cet article est Y. K. (*Revue de cavalerie*, numéro
de janvier 1903, p. 431.)

2. *Revue de cavalerie*, numéro de décembre 1902, p. 294.

3. *Le Correspondant*, numéro du 25 août 1900, p. 621. — En réalité, ce n'est qu'après
11 heures que la marche sur la Falizette aurait pu se produire. Voir l'aveu, *infra*,
p. 58.

de la Falizette puisque, là encore, aucun chemin n'existe de l'est à l'ouest? Oui, à partir de cette route, il n'y a plus qu'un mauvais chemin, non loin de Bosséval, « impraticable pour la plupart des voitures, et qui se prolonge, dans les mêmes conditions, jusqu'à Mézières, par Le Mazy, Gernelle, Saint-Laurent, Le Pheu, hameaux qu'il traverse..... mauvais chemin de 2ᵐ,50 à 3 mètres, de large, au pouvoir de l'infanterie allemande dès 7 heures du matin et se trouvant sous le coup de la canonnade et de la mousqueterie de Montimont, de Gernelle et d'Issancourt[1] ».

On voit quelles concessions nous faisons à nos contradicteurs : avec routes ou sans routes, la traversée de la portion, jusqu'à hier en litige, de la forêt des Ardennes, n'aurait en rien avancé notre malheureuse armée, ne lui permettant point d'atteindre Mézières !

2° A 9 heures du matin, moment où le général de Wimpffen a revendiqué le commandement, la manœuvre, prescrite par M. Ducrot, n'avait encore amené aucune de nos avant-gardes ni à Floing, ni à Saint-Menges, ni à Fleigneux[2] ; de plus, à cette heure, les Prussiens occupaient ces trois villages, le défilé de Saint-Albert, Bosséval et le bois de la Falizette[3] ; alors, avant de s'engager dans ce bois, d'y combattre, il fallait emporter d'assaut les hauteurs du Hattoy, de Saint-Menges et de Fleigneux ! Donc, la question de la viabilité de la forêt, importante à 3 heures du matin, ne l'était plus à 9 heures, *a fortiori,* à 11 heures du matin. Ainsi qu'un sagace historien nous le faisait remarquer, Y. K. a tort de considérer la praticabilité de la Falizette comme « capitale », elle est secondaire, puisqu'on n'aurait pu parvenir à ce bois, puisque, s'il avait été percé de bonnes routes, allant de l'est à l'ouest, au sortir des fourrés on n'aurait plus eu de chemins à sa disposition.

---

1. *La Retraite à Sedan,* p. 28.

2. Lire la preuve chez nos contradicteurs : *La Journée de Sedan,* par le général Ducrot, p. 28 ; *Retraite sur Mézières, Annexe à la Journée de Sedan* par le général Ducrot, p. 24 et p. 39 à 46 ; *Le Correspondant,* numéro du 25 août 1900, p. 621.

3. *La Guerre franco-allemande,* 1ʳᵉ partie, t II, p. 1149, 1151, 1153, et *La Retraite à Sedan,* p. 55, 56, 58, 62, 65, 66, 67, 69 et 77. — On pourra lire, dans maints autres passages de cette brochure, les preuves de l'occupation de tous ces points par les Prussiens.

Mais nos adversaires nous opposent l'argument tiré de l'arrivée à Mézières, dans la matinée et la journée du 1er septembre, de fuyards de différents corps [1].

Il est facile d'y répondre. Tous ces héros sont entrés à Mézières pendant la bataille par la bonne raison qu'ils avaient lâché l'armée, sans ordres, en déserteurs, avant le lever du soleil. Partis de Sedan, par la route de Vrigne-aux-Bois, vers 4 heures du matin, peut-être plus tôt, ils n'ont pu être arrêtés par les patrouilles de la cavalerie prussienne non encore appuyées par de l'infanterie et de l'artillerie. Ils ont passé, non par les bois, mais par le défilé de Saint-Albert.

Voici la phrase du général Vinoy sur laquelle Y. K. s'appuie pour élever à la hauteur de perceurs ces poltrons, ces déserteurs. Cette phrase est écrasante pour notre savant contradicteur, et nous nous demandons dans quel but il l'a transcrite.

« Vers 1 heure et demie de l'après-midi, on put apercevoir, du haut de la citadelle, une colonne considérable d'artillerie qui se dirigeait vers Charleville, par la vallée de la Meuse. Il résulta des renseignements rapportés par des officiers, envoyés pour reconnaître cette troupe, que cette colonne se composait du parc d'artillerie de réserve du 5e corps. *Partie de Sedan à la pointe du jour, elle avait pu, en traversant les bois* [2], atteindre le pont du Nouzon, sur lequel elle avait passé la Meuse : des uhlans l'avaient bien approchée à ce moment dans le but d'inquiéter son passage mais en trop petit nombre pour pouvoir l'entamer [3]. »

Ainsi, les fuyards ont pris le trot, *à la pointe du jour,* quatre heures avant le choc du côté de Saint-Menges. Pas de contestation possible. Mais quels sont *les bois qu'ils ont traversés* avant d'arriver à Nouzon ? Sont-ce les futaies, les taillis de la Falizette et du Grand-Canton ? Non, puisque nous avons prouvé qu'il ne s'y trouvait pas de voies carrossables. Alors, ils ont suivi simplement des routes ordinaires. Nous établissons leur itinéraire de cette sorte : De Floing à Vrigne-aux-Bois, ils ont pris la route de Mézières longeant la Meuse. Pendant la fin de ce parcours, in-

---

1. *Revue de cavalerie,* numéro de décembre 1902, p. 295.
2. En suivant la route tracée entre le bois de Gesly et celui de la Grandville.
3. *Siège de Paris,* par le général Vinoy, p. 53 et 54.

quiétés par les cavaliers ennemis, ils se jetèrent au nord et enfilèrent la route bordant la forêt des Ardennes jusqu'à Cons-la-
Grandville en passant par Le Mazy et Gernelle. Là, sans cesse en
proie à la peur des escadrons allemands qui les harcelaient, ils
continuèrent leur fuite vers le nord, toujours par une bonne route
qui traverse la forêt, entre les bois de la Grandville et de Gesly,
et arrivèrent à Neufmanil. A cet endroit, les cavaliers prussiens
ayant cessé de les inquiéter, ils tournèrent brusquement à l'ouest,
par la route bordant, à mi-côte, le côté nord du bois de Gesly, et
parvinrent à Nouzon, où ils passèrent le fleuve, en dépit des
quelques uhlans qui les avaient rejoints et qui n'osèrent pas les
charger. De Nouzon, ils redescendirent tranquillement vers le
sud, en suivant, d'abord à travers bois, ensuite par le versant
ouest de la colline de Chaumont et le Moulinet, la route, parallèle
à la Meuse, menant à Charleville.

On comprend que la Falizette et le Grand-Canton n'ont pas été
parcourus par ces braves.

Pour sa thèse, Y. K. se sert, pareillement, d'un autre passage
du livre du général Vinoy : « Bientôt [1], nous vîmes arriver des
corps de troupes isolées dans le plus grand désordre. De la cavalerie, composée d'hommes de toutes les armes, accourait, sous
les ordres du général Michel ; elle était suivie par des masses de
fuyards appartenant à l'infanterie, des zouaves, des turcos, des
artilleurs, dont beaucoup, dans leur frayeur, avaient jeté leurs
fusils sur tous les chemins, et se présentaient tout à fait désarmés.
Ces troupes, complètement démoralisées, répandaient partout le
trouble et la terreur par leur attitude et leurs discours. Leur
nombre, qui d'heure en heure devenait plus considérable, peut
être évalué pour ce seul jour à environ 10 000 hommes. Les renseignements apportés par ces nouveaux arrivants s'accordaient
pour affirmer qu'une grande bataille *avait été livrée le matin et
que, dès 9 heures, elle semblait déjà perdue* [2].

---

1. Après 2 heures de l'après-midi. (*Siège de Paris*, par le général Vinoy, p. 54.)

2. *Ibid.*, p. 54 et 55. — Ce jour-là, l'artillerie de la division Lhériller, que Ducrot
avait perdue, arriva aussi à Sedan. Elle avait quitté l'armée la veille, le 31. (*La Journée
de Sedan*, par le général Ducrot. Notes du colonel Robert, chef d'état-major général
du 1er corps d'armée, p. 122.) — *Ibid.*, p. 125. — Voir explication complète, *infrà*, p. 31.

Par conséquent, tous ces déserteurs étaient partis avant 9 heures, *d'après leur aveu,* et ils annonçaient une bataille perdue avant qu'elle fût engagée ! Nous ne nous expliquons guère notre vaillant ami Y. K. invoquant le témoignage de ces misérables, qui ne sont pas de ceux ayant arraché au roi Guillaume la fameuse exclamation : « Oh ! les braves gens [1] ! »

Quant à M. Tissier, aujourd'hui général en retraite à Remiremont, nous allons également copier ce qu'en a dit le général Vinoy : « A environ 2 heures (de l'après-midi), le colonel Tissier, sous-chef d'état-major du maréchal de Mac-Mahon, vint lui-même nous donner les renseignements que nous attendions. Ils étaient fort décourageants et fort tristes : *le colonel avait quitté le champ de bataille à 9 heures du matin, au moment où le désastre semblait déjà inévitable [2].* »

Si, à 9 heures, le colonel considérait le désastre comme « inévitable » c'est que, pour lui, qui était à Sedan le matin, qui en était parti avant la revendication du général de Wimpffen et qui venait d'arriver à Mézières, la retraite, prescrite par M. Ducrot vers l'ouest, était impraticable. Y. K. ne s'attendait probablement pas à cette conclusion du fait par lui relaté, mais elle s'impose.

Maintenant, de quelle manière le colonel Tissier est-il parti..... et arrivé ? Il n'y a trace, nulle part, d'une mission à lui donnée par le maréchal, par Ducrot, par Wimpffen, du moins nous ne la connaissons point. Il n'en a pas dit un mot au général Vinoy. Nous lui avons écrit pour nous renseigner : il n'a pas répondu, tandis que le général Kessler, le général Rebillot, tous les autres

---

1. Dans une lettre, en date du 26 janvier 1903, le général baron Rebillot nous écrivait : « La discussion sur la question de savoir si, à un moment quelconque de la bataille de Sedan, quelque fragment de troupes françaises avait pu échapper à la capitulation en se sauvant *sur terre française,* m'a remis en mémoire le nom des lieutenants-colonels d'artillerie qui *n'entrèrent pas dans la fournaise et prétendirent avoir percé.* Sur la proposition du comité d'artillerie, *ils furent mis en retraite.* Ce sont : ...Je ne sais quel était, à Sedan, le commandant de l'artillerie de la division Lhériller, mais je me souviens que, mis, pendant la Commune, sous les ordres de ce général, il me dit, en me voyant pour la première fois : « J'espère que je serai mieux servi par vous que je ne l'ai été, à Sedan, où mon « artillerie ne m'a pas rejoint ». — Décidément, le général Ducrot et ses avocats ne sont pas assez difficiles sur la moralité des témoins qu'ils invoquent. — Voir, à la fin de cette réplique, l'itinéraire des troupes qui ont passé par la Belgique.

2. *Siège de Paris,* par le général Vinoy, p. 54.

officiers généraux et supérieurs interrogés, n'ont pas hésité à dire
ce qu'ils savaient. Alors, nous sommes autorisé à croire que le
colonel Tissier s'est mis en route, *motu proprio,* de grand matin,
peut-être avant 8 heures, par le même chemin que celui suivi par
une partie de l'artillerie du 5ᵉ corps, ou par Issancourt, Ville-sur-
Lumes, Saint-Laurent, et qu'il est ainsi parvenu à gagner Mézières.
Mais si le poète a pu dire :

> Où le père a passé passera bien l'enfant,

on ne saurait ajouter : Où un homme a passé, le matin, passera
toute une armée, le soir. Inutile d'insister.

Reste à s'occuper de la question de la traversée de la Falizette
et du Grand-Canton, sans se servir de chemins, en se jetant au
milieu des fourrés, taillis et futaies.

D'après nos adversaires eux-mêmes ce n'était pas possible.
Voici, sur la question, l'avis du colonel Gillon, porte-paroles du
général Ducrot : « En faisant sauter les seuls chemins forestiers
qui traversent ces *épais taillis,* on eût rendu, pour une demi-jour-
née, au moins, leur accès des plus difficiles, sinon impossible [1]. »

Nous avons déjà dit que, vainement, nous avions tenté de nous
engager sous bois, et l'on verra, un peu plus bas, que c'est pareillement l'opinion du grand état-major prussien. Du reste, il n'est
pas fait mention, dans le récit officiel, d'une troupe ayant traversé
un taillis de la forêt des Ardennes.

Mais le général Kessler déclare que « les piétons n'éprouvent
de difficultés à passer sous bois que dans quelques parties de
jeunes taillis [2] ». Ici, le général ne parle pas spécialement de la
Falizette et du Grand-Canton mais du massif de la forêt des
Ardennes. En ce qui concerne les deux bois en litige, nous ne
saurions affirmer s'ils sont, en totalité, inaccessibles aux piétons :
il aurait fallu, pour cela, les parcourir plusieurs fois de part en
part ; nous nous contentons de déclarer que nous avons demandé
à des douaniers retraités, à des douaniers en activité, à des habi-

---

1. *Retraite sur Mézières, Annexe à la Journée de Sedan* par le général Ducrot,
p. 45 et 46.

2. *Revue de cavalerie,* numéro de décembre 1902, p. 293.

tants de Saint-Menges et de Bosséval, s'il y avait moyen de se faufiler à travers bois et que leur réponse a été négative. Nous-mêmes aux environs de Bosséval, ainsi que nous venons de l'écrire, avons tenté l'aventure et avons été forcé d'y renoncer.

Quoi qu'il en soit, retenons la remarque du général Kessler : il suffit de « quelques parties de jeunes taillis » pour rompre la marche d'un piéton, *a fortiori* d'une troupe armée dans la forêt des Ardennes. Donc [1]..... Aussi bien, le colonel Gillon, exécuteur testamentaire tactique du général Ducrot, l'avoue quand il écrit : On se serait retiré en Belgique « si le bois de la Falizette n'avait pas été percé de chemins praticables [2] », de l'est à l'ouest.

Au surplus, en admettant que quelques hommes à pied puissent se dérober sous bois, de quelle façon des régiments, des batteries d'artillerie, de la cavalerie, des voitures de vivres et de munitions auraient-ils eu la chance de défiler ainsi, sans chemins, à travers les arbres, les taillis, les ronces, malgré les fossés, les ruisseaux, les fondrières, les creusées, alors que l'ennemi occupait déjà les routes traversant la Falizette du sud au nord, qu'il était maître de Bosséval et des hauteurs commandant la lisière ouest du bois ?

Comment expliquer l'outrecuidance de M. Ducrot osant écrire : « Si les ordres que j'avais donnés au moment où j'ai pris le commandement, après la blessure de Mac-Mahon, avaient été exécutés, *non seulement l'armée eût été sauvée, mais peut-être même eussions-nous remporté un succès relatif [3] ?* » Hélas ! M. Ducrot, le jour de la bataille, était si ignorant de tout, du terrain et des positions des Allemands, que, le soir même, il avait l'inconscience de dire au général de Wimpffen : « Si vous n'aviez pas arrêté le mouvement de retraite, en dépit de mes instances, *nous serions*

---

1. « Plus au nord, le pays situé entre la Meuse et la frontière belge est très coupé, couvert de forêts et, par conséquent, peu propre à des mouvements de troupes considérables. » (*La Guerre franco-allemande*, 1re partie, p. 1086.) — Il n'est pas question de chemins. Du reste, voici comment M. de Moltke raconte l'entrée en ligne de l'artillerie au nord-ouest de Sedan : « Ces sept batteries avaient franchi le défilé de la Falizette » (de Saint-Albert). [*La Guerre franco-allemande*, 1re partie, p. 1151.]

2. *Retraite sur Mézières, Annexe à la Journée de Sedan*, par le général Ducrot, p. 33. — *Ibid.*, p. 45 et 46.

3. *La Vie militaire du général Ducrot*, p. 421. — *Ibid.*, p. 409.

maintenant en sûreté à Mézières, ou, du moins, hors des atteintes de l'ennemi[1] ! » C'est de l'aliénation cérébrale.

Dans ces conditions, nous ne saurions, à cet égard, que renvoyer à notre brochure *La Retraite à Sedan*[2].

II

« L'heure de la prise de commandement par le général Ducrot[3]. »

A quelle heure la nouvelle de la blessure du maréchal de Mac-Mahon est-elle parvenue au commandant du 1er corps ?

Le débat a moins d'importance que le précédent parce que nous pensons qu'un écart d'une heure modifierait bien peu l'appréciation à formuler. Que le général Ducrot ait été avisé de sa désignation au commandement en chef à 7 heures ou à 8 heures, peu importe, car, même dans l'hypothèse de 7 heures, ainsi que le veut mon contradicteur[4], le temps nécessaire pour prendre une résolution définitive, répondre aux objections de son entourage[5], rédiger les ordres[6], les envoyer, les faire exécuter par les

---

1. *La Journée de Sedan,* par le général Ducrot, p. 52.

2. P. 28 et 29.

3. *Revue de cavalerie,* numéro de décembre 1902, p. 284.

4. « C'est à 7 heures moins le quart que le général Ducrot a été informé. » (*Ibid.,* p. 302.)

5. *Le Correspondant,* numéro du 25 août 1900, p. 618. — *La Retraite à Sedan,* p. 54, note 2. — *La Journée de Sedan,* par le général Ducrot, p. 22, 23, 24, 27, 106 et 123. — *Récits de la dernière guerre franco-allemande,* par C. Sarazin, médecin en chef du quartier général du 1er corps à Sedan ; Paris, Berger-Levrault et Cie, 1887 ; p. 121. — Arthur Chuquet, *La Guerre, 1870-1871 ;* Paris, Chailley, 1895 ; p. 100. — La retraite ne fut définitivement ordonnée et commencée qu'après la discussion entre Ducrot et Lebrun, c'est-à-dire bien après la prise de commandement, le premier ayant été forcé d'aller retrouver le second. Devant la résistance qui lui était opposée par le commandant du 12e corps, le nouveau général hésita pendant quelque temps, « mais, *après de nouvelles réflexions,* il se décida *à commander sans retard* ce mouvement (de retraite) ». (*La Journée de Sedan,* par le général Ducrot, note du colonel Robert, chef d'état-major général du 1er corps d'armée, p. 124.) — *Ibid.,* p. 125. — *Enquête parlementaire sur les actes du gouvernement de la Défense nationale ;* Versailles, Cerf et Cie, 1872 ; t. 1er, déposition du maréchal de Mac-Mahon, p. 39.

6. « Le général Ducrot appelle bientôt ses aides de camp et leur dicte ses ordres. Je les entends, clairs et précis, se succéder sans interruption. » (Docteur Sarazin, p. 120 et 121.) Il y eut interruption lors de la protestation des officiers de son état-major contre ces ordres. (*Ibid.,* p. 121.) — Arthur Chuquet, p. 100.

commandants de corps, de divisions, de brigades, mettre les
régiments en marche devait bien prendre une heure, peut-être
plus encore, selon nous. La preuve en est que, à 9 heures, quand
le général de Wimpffen a revendiqué le commandement[1], les
têtes de nos colonnes, en marche sur l'ordre de M. Ducrot,
n'étaient arrivées ni à Floing, ni à Saint-Menges, ni à Fleigneux ;
la preuve en est que, d'après l'aveu du général Ducrot lui-même,
si son plan avait été exécuté, sans intervention du général de
Wimpffen, « *vers 11 heures* (seulement) la *majeure partie* de
l'armée se serait trouvée concentrée sur les hauteurs qui s'étendent entre Saint-Menges, le Calvaire d'Illy et Fleigneux[2] ». En
conséquence, à ce moment, 11 heures, Saint-Menges, Fleigneux,
le défilé de Saint-Albert, la cote 258 (moulin de Bellevue) au sud
de la Falizette, ce bois et tous les autres faisant partie de la forêt
des Ardennes auraient continué à demeurer au pouvoir de la
IIIe armée allemande.

Quoi qu'il en soit, Y. K. affirme que « c'est à 7 heures moins le
quart que le général Ducrot a été informé et qu'*un peu avant
7 heures* il donnait ses premiers ordres[3] », donc, à 7 heures moins
cinq minutes.

---

1. Le colonel Gillon, copiste de l'ouvrage posthume du général Ducrot, dit : entre
8 heures et demie et 9 heures. (*Retraite sur Mézières, Annexe à la Journée de Sedan*
par le général Ducrot, p. 24.) — Le commandant du 1er corps dit : 9 heures. (*La
Journée de Sedan*, par le général Ducrot, p. 28.) — Le colonel Vial, de l'état-major,
Campagnes modernes, 1886, déclare que le général de Wimpffen a revendiqué le commandement vers 9 heures. (*Revue de cavalerie*, numéro de décembre 1902, p. 279 et 280.)

2. *Retraite sur Mézières, Annexe à la Journée de Sedan*, par le général Ducrot,
p. 43.

3. *Revue de cavalerie*, numéro de décembre 1902, p. 302. — M. le commandant Rouff,
dont tout le monde reconnaît la droiture, la compétence et le savoir, aide de camp du
général Raoult à Froeschwiller et pris par le général Ducrot dans son état-major après
la mort du brave Raoult, n'a pas quitté le commandant du 1er corps depuis le départ
du camp de Châlons jusqu'à Sedan. Il a bien voulu nous écrire sur les questions d'heures
et nous communiquer son *Carnet de campagne*, rédigé jour par jour. A la date du
1er septembre, on peut y lire que la remise du commandement aux mains du général
Ducrot eut lieu *vers 7 heures et demie*, qu'il y eut alors une discussion entre le général
et son état-major sur l'opportunité de la retraite par le nord-ouest ; ensuite, le général,
accompagné du capitaine Rouff, rejoignit le commandant du 12e corps qui venait d'être
blessé légèrement ; nouvelle discussion. Enfin, Lebrun ne fit plus d'opposition au mouvement et l'ordre de retraite fut définitivement donné, comme l'a dit le colonel Robert,
chef d'état-major de Ducrot, après *8 heures et demie*. (Lettre à nous adressée par le
commandant Rouff.)

Dans son calcul, il s'appuie sur la déclaration suivante du duc de Magenta :

Quand j'envoyai prévenir le général Ducrot, il était « 6 heures moins un quart *à peu près*. Je suis certain de cette heure (!), car, après être rentré à Sedan, le docteur Cuignet, qui me pansa, constata qu'il était 6 heures et demie[1]. » Un peu plus loin, le maréchal ajoute : « Par suite de la blessure du commandant de Bastard, qui, du reste, *ne savait au juste où était le général Ducrot,* il arriva que cet officier général ne fut prévenu que vers 6 heures et demie qu'il devait prendre le commandement[2]. »

Il nous paraît que le maréchal de Mac-Mahon s'est gratuitement calomnié : sa blessure n'était pas si légère qu'il pût, ainsi, conserver toute sa lucidité d'esprit et noter les faits à une minute près. Autrement, s'il était si dispos, si observateur, si maître de lui, que n'a-t-il conservé la direction suprême ! Non, il ne faut pas l'accuser d'avoir été heureux de profiter de son éclat d'obus : il a dû se tromper, justement à cause de sa blessure qui lui a enlevé l'appréciation exacte des choses. Mais qu'importe l'heure de cette blessure, ce qui est intéressant à connaître c'est l'instant de la prise de commandement, le moment précis où la retraite sur Mézières a été ordonnée par Ducrot.

Or, voici ce qu'en pensait le duc de Magenta, longtemps après la bataille : « Le mouvement vers Mézières a été prescrit vers

1. *Enq. parlem. Déf. nationale*, t. Ier, déposition du maréchal de Mac-Mahon, p. 38. — Mon adversaire, qui s'est appuyé de toutes ses forces sur cette déposition du duc de Magenta, où il est question d'heure et de montre, a oublié qu'il a écrit, deux pages plus haut : « A Sedan, nous imaginons que les acteurs du drame avaient d'autres préoccupations que de regarder leurs montres qui, d'ailleurs, étaient certainement loin d'être toutes d'accord, afin de fournir des données précises aux écrivains de l'avenir. » (*Revue de cavalerie*, numéro de décembre 1902, p. 296.) En d'autres termes : Quand les montres justifient M. Ducrot, elles marchent à merveille ; quand elles le condamnent, elles ne sont bonnes qu'à porter chez l'horloger. — Voir, encore, à ce sujet, *Revue de cavalerie*, numéro de janvier 1903, p. 411, note 1.

2. *Enq. parlem. Déf. nationale*, déposition du maréchal de Mac-Mahon, p. 38 et 39. — Quant au long temps qu'il a fallu aux aides de camp de Mac-Mahon pour rejoindre Ducrot, lisez *La Retraite à Sedan*, p. 12. Pour nous, il a fallu plus d'une heure, puisque les difficultés que notre contradicteur énumère avec tant de plaisir, quand il s'agit des officiers de l'état-major du Prince Royal, galopant en dehors du champ de bataille (*Revue de cavalerie*, numéro de janvier 1903, p. 409), devaient être bien plus grandes dans la confusion de la lutte.

8 heures du matin par le général Ducrot [1]. » Pourquoi Y. K., qui donne si libéralement l'opinion du maréchal touchant l'heure de sa blessure, nous cache-t-il son avis touchant l'heure où l'ordre de retraite a été dicté par Ducrot ?

Ce dernier, principal acteur de la tragédie, a reconnu avoir pris les rênes de l'armée à 8 heures du matin : « Si le fatal aveuglement du général de Wimpffen n'était venu arrêter l'exécution du mouvement que j'avais ordonné, *à 8 heures du matin,* pour occuper le village d'Illy, notre retraite sur Mézières était assurée [2]. » Mon honorable contradicteur, plus royaliste que le roi, dit *7 heures* [3] ; M. Étienne Lamy, qui ne doit pas vouloir de mal à la famille Ducrot, *8 heures* [4] ; le colonel Rousset, *8 heures* [5] ; le général Lebrun, *8 heures* [6] ; le colonel Robert, chef d'État-major général du 1er corps, *8 heures et demie* [7] ; le capitaine d'artillerie Achard, attaché à l'état-major du 1er corps, *8 heures* [8] ; le docteur Sarazin, médecin en chef du 1er corps, qui n'a pas quitté le général Ducrot, *8 heures* [9] ; Arthur Chuquet, *8 heures* [10] ; un officier d'état-major de l'armée du Rhin (colonel Frédéric Robert), *environ 8 heures* [11] ; le colonel Vial, de l'état-major, *7 heures et demie* [12] ; le général Canonge, *7 heures et demie* [13] ; le comman-

---

1. *Enq. parlem. Déf. nationale,* déposition du maréchal de Mac-Mahon, p. 40.

2. *La Vie militaire du général Ducrot,* p. 409. — Plus tard, afin de préparer sa justification, il a avancé sa prise de commandement d'une demi-heure. (*La Journée de Sedan,* par le général Ducrot, p. 24.)

3. *Revue de cavalerie,* numéro de décembre 1902, p. 284.

4. La Fin du second Empire, *Revue des Deux-Mondes,* t. CXXVIIe, p. 349.

5. *Histoire générale de la guerre franco-allemande 1870-1871,* par le commandant Rousset ; Paris, Librairie illustrée ; t. II, page 306.

6. *Bazeilles-Sedan,* par le général Lebrun ; Paris, Dentu, 1884 ; p. 102 et 104.

7. *La Journée de Sedan,* par le général Ducrot, p. 123.

8. *Ibid.,* p. 137.

9. Docteur Sarazin, p. 121.

10. Arthur Chuquet, p. 99.

11. *La Campagne de 1870 jusqu'au 1er septembre,* par un officier d'état-major de l'armée du Rhin ; Bruxelles, J. Rozez, 1871 ; p. 113. — Cet ouvrage a de la valeur, puisque le général Derrécagaix le cite plusieurs fois : *Histoire de la guerre de 1870,* par V. D***, officier d'état-major ; Paris, Rédaction du *Spectateur militaire,* 1871.

12. *Revue de cavalerie,* numéro de décembre 1902, p. 279.

13. *Histoire militaire contemporaine,* par le général Canonge, t. II, p. 211.

dant Rouff, aide de camp du général Ducrot, après *8 heures et demie*[1].

Conséquemment, en présence des *onze* déclarations de *8 heures et 8 heures et demie,* y compris celle du principal intéressé, Ducrot, et celle du maréchal de Mac-Mahon, des *deux* déclarations de *7 heures et demie,* notre sympathique adversaire reste seul avec son affirmation de *7 heures.* Donc, ce n'est pas une déroute, c'est une débâcle pour le tenant de *7 heures du matin.* Voilà ce qu'il appelle *prouver* que « l'heure de *7 heures* a été celle de l'expédition des premiers ordres en vue de la concentration vers Illy-Saint-Menges[2] » !!! Que serait-ce, dieux immortels ! s'il n'avait rien *prouvé*? Mais, quand il s'agit du général Ducrot, Y. K. raisonne toujours de cette sorte, lui, si net, si logique, si convaincant dans toutes autres questions.

Alors, si le changement de général en chef a eu lieu à *8 heures,* la retraite n'a pu être entamée avant 8 heures et demie, par les motifs que nous avons exposés dans *La Retraite à Sedan*[3]. Nous nous y tenons et, là encore, la réponse de notre adversaire a fait long feu.

III

« Que pouvait connaître le nouveau commandant en chef de la situation des armées allemandes autour de Sedan[4] ? »

Ce que le général de Wimpffen en savait. Ce que l'un avait fait, l'autre aurait dû le faire, le premier devoir d'un chef de corps étant de s'instruire de ce qui se passe autour de lui.

A ce propos, Y. K. écrit : « Le général Ducrot savait, par ce

---

1. Lettre à nous adressée par le commandant Rouff, d'après son *Carnet de campagne.* — Nous pourrions donner bien d'autres témoignages à l'appui de *8 heures,* mais nous nous bornons aux principaux acteurs, aux officiers de l'entourage du général Ducrot, à ses amis et à quelques historiens impartiaux.

2. *Revue de cavalerie,* numéro de décembre 1902, p. 302.

3. *La Retraite à Sedan,* p. 10 à 13. — Nous avons déjà vu que, d'après nos adversaires eux-mêmes, le véritable mouvement de retraite, vers Saint-Albert et Saint-Menges, ne pouvait commencer avant 11 heures du matin.

4. *Revue de cavalerie,* numéro de décembre 1902, p. 302.

qu'il avait vu et par les renseignements qu'il avait su se procurer lui-même, que, le 31 au soir, l'ennemi nous barrait, irrévocablement, la route de l'est sur la rive droite de la Meuse. De toute évidence, *il ne pouvait qu'ignorer* ce qu'avaient fait les Allemands à l'ouest du fleuve dans la journée du 31 ; il ne lui était pas loisible de quitter ses troupes, en présence de l'ennemi, soit dans leur marche sur Carignan, soit dans leur retraite sur Sedan, pour aller, de sa personne, voir ce qui se passait du côté de Donchery et de Mézières ; ce n'était pas là son affaire, il serait sorti de ses attributions. On peut, à ce sujet, adresser les reproches les plus fondés au maréchal commandant en chef, mais nullement au commandant du 1er corps d'armée[1]. »

Certes, ce n'est pas nous qui défendrons le duc de Magenta ; nous l'avons assez souvent répété : sa marche de Châlons à Sedan est le comble de l'ahurissement stratégique, il est seul responsable de l'entassement de l'armée française autour de cette dernière ville, le général Ducrot n'a à se justifier que de son mouvement de retraite, à 8 heures et demie du matin, à 8 heures, si on le désire. Mais pourquoi le commandant du 1er corps « *ne pouvait-il qu'ignorer* ce qu'avaient fait les Allemands à l'ouest du fleuve dans la journée du 31 » ? Sans « quitter ses troupes », sans « aller, de sa personne, voir ce qui se passait du côté de Donchery », il avait la liberté, le devoir d'imiter le général de Wimpffen et d'envoyer des cavaliers, comme celui-ci en a eu l'idée, à l'effet de savoir si la route de Mézières était barrée, si la Meuse avait été franchie par les colonnes adverses[2].

Pas du tout : il ne se renseigne en aucune façon sur ces deux

---

1. *Revue de cavalerie,* numéro de décembre 1902, p. 304.

2. Le capitaine de Sesmaisons, aide de camp du général Vinoy, a bien connu, le 31 août, les mouvements de l'ennemi. « En pénétrant dans la place, par la porte et le faubourg de Torcy, le capitaine de Sesmaisons vit très distinctement, sur les hauteurs voisines de Wadelincourt, une forte colonne prussienne composée de cavalerie, d'artillerie et surtout d'infanterie, qui paraissait venir du Chesne *et se diriger sur Mézières ou sur Donchery.* Il était alors 9 heures et demie du matin. » (*Siège de Paris,* par le général Vinoy, p. 33.) « Vers 2 heures et demie, le capitaine de Sesmaisons arrivait à Mézières et rendait compte de sa mission au général commandant le 13e corps, lequel, par suite des informations apportées par cet officier, se trouvait placé dans une situation bien aventurée. En effet, le mouvement de l'ennemi, qui s'opérait alors au sud de Sedan, semblait aussi se prononcer et s'étendre entre cette ville et Mézières. » (*Ibid.,* p. 41.) — Voir, aussi, *ibid.,* p. 43, 44, 45, 46, 47 et 48.

points capitaux et ordonne la retraite par une route non reconnue par notre cavalerie, « ne sachant pas au juste — selon le suave aveu de notre contradicteur — ce que nous rencontrerions à l'ouest de Sedan, pas plus que le degré exact d'avancement des mouvements de l'adversaire de ce côté[1] » !!! Jamais réquisitoire aussi accablant fut-il prononcé contre un homme de guerre ?

Continuons. Y. K., dans sa réponse, écrit : « Le général Ducrot jugeait avec raison que, vers Mézières, l'adversaire serait moins en forces que vers Carignan[2], toutes les masses qu'il avait vues lui-même, ou qu'il avait su, par ses renseignements, occuper les deux rives de la Meuse, au sud-est et au sud de Sedan, *n'ayant pu, de toute évidence, s'être transportées, en une nuit, au nord-ouest de la place[3]*. » — « Pourquoi[4] ? » M. Ducrot et ses soutiens ont bien la prétention de faire sortir, en quelques heures, du trou de Sedan, une armée de cent mille hommes, en présence d'ennemis qui les attaquent de flancs et en queue, selon leur hypothèse, de flancs, en queue et en tête, d'après la nôtre, conforme à la position des Allemands, à 9 heures du matin, le 1er septembre !

Non, l'imprudente fantaisie de M. Ducrot est d'autant plus inexplicable que, toujours selon la confession de notre adversaire, les renseignements par lui demandés au capitaine gascon Debord « eussent été inutiles s'il n'avait pensé que la route directe (par Vrigne-aux-Bois) pouvait être coupée[5] », qu'il savait « que les Allemands, depuis le matin, passaient, en grand nombre, à Francheval et à Villers-Cernay, se dirigeant vers Illy[6] » et que, par

---

1. *Revue de cavalerie*, numéro de décembre 1902, p. 305.

2. C'était le contraire. Pour s'en assurer, il suffit de regarder les positions de l'armée allemande à 9 heures du matin. — Voir ce que nous en dirons, *infrà*, quand nous discuterons la VIIe proposition de notre contradicteur qui, du reste, confirme, lui-même, nos déclarations à cet égard. (*Revue de cavalerie*, n° de janvier 1903, p. 435.)

3. *Revue de cavalerie*, numéro de décembre 1902, p. 305.

4. Voir, à ce sujet, *Siège de Paris*, par le général Vinoy, p. 33, 45, 46 et 48, qui montre les Allemands arrivant presque à Mézières le 31 août. — *La Guerre franco-allemande*, 1re partie, p. 1077 à 1079.

5. *Revue de cavalerie*, numéro de décembre 1902, p. 307.

6. *Ibid.* — *La Journée de Sedan*, par le général Ducrot, p. 21. — *Ibid.*, notes du capitaine Achard, p. 137. — *Le Correspondant*, n° du 25 août 1900, p. 614 et 615. — Et, quand le général Ducrot voyait ces masses ennemies monter vers le nord, par Villers-Cernay, « il était un peu moins de 7 heures du matin » ! (*Ibid.*, p. 615.)

conséquent, en admettant que nos troupes, à 9 heures et demie du matin, eussent été en mesure de commencer à entrer dans le défilé de Saint-Albert, d'approcher du bois de la Falizette, afin de refouler le gros des forces du prince royal[1], elles eussent été attaquées, à la même heure, en queue par l'armée du prince de Saxe, en flanc par les Bavarois[2].

Mais la cervelle d'oiseau du général Ducrot n'avait pas songé à tout cela : le 31 août, il avait monté un bon cheval, et, le lendemain, il ne s'était pas aperçu qu'il n'enfourchait plus qu'un dada.

Encore quatre remarques à faire sur la troisième division de la réponse de notre contradicteur.

1° Y. K. nous reproche d'avoir écrit que, dans la marche de Carignan vers Sedan, M. Ducrot « avait égaré l'artillerie de sa 3e division[3] ».

Cependant, quoi de plus simple ? Personne ne conteste, pas même notre adversaire[4], qu'au cours de cette marche l'artillerie de la 3e division (Lhériller) en fut séparée, qu'elle se perdit. Comme la 3e division faisait partie du 1er corps, comme le 1er corps était commandé par le général Ducrot, nous n'avons donc dit que la vérité.

2° Y. K. s'étonne du peu de cas fait par nous du livre du docteur Sarazin[5]. Notre contradicteur regarde bien le capitaine Félix Bonnet, Eugène Véron, Jules Claretie et le colonel Ferdinand Lecomte comme des auteurs négligeables[6]. En refusant de

---

1. On sait que le général Ducrot a confessé ne pouvoir entamer son mouvement vers l'ouest avant la concentration de l'armée sur les hauteurs environnant Illy et que cette concentration n'aurait pas encore été terminée vers 11 heures du matin. (Voir *infrà*, p. 58.)

2. *La Retraite à Sedan*, p. 24.

3. *Revue de cavalerie*, numéro de décembre 1902, p. 304, en note.

4. « Dans ce mouvement, l'artillerie de la 3e division continua sa marche au delà de la ville. » (*Ibid.*) « Le 31, au soir, le général Lhériller fit connaître au général Ducrot qu'il n'avait pas avec lui ses batteries ; elles s'étaient trouvées séparées de la 3e division, soit dans la soirée du 30 au 31, soit dans la matinée de ce dernier jour. » (*La Journée de Sedan*, par le général Ducrot, notes du colonel Robert, chef d'état-major général du 1er corps d'armée, p. 122.) — *Ibid.*, notes du capitaine d'artillerie Achard, attaché à l'état-major du 1er corps, p. 136.

5. *Revue de cavalerie*, numéro de décembre 1902, p. 306, en note.

6. *Ibid.*, p. 282.

nous servir du roman du docteur Sarazin, nous avions usé de notre droit, mais, comme cela contrariait notre excellent ami, nous nous sommes empressé de lever l'interdit et avons cité plusieurs fois le suivant du général Ducrot. Seulement, nous craignons bien que notre adversaire ne trouve pas ces citations de son goût. Enfin, peu importe, satisfaction lui est donnée.

3° Y. K. affirme que « rester sur les emplacements choisis par le maréchal, c'était l'investissement et la perte de l'armée[1] ». C'est à démontrer ; en tous cas, l'enlèvement de ces emplacements quasi inexpugnables aurait coûté cher à l'ennemi, lui aurait demandé deux jours peut-être, sans compter qu'il eût été plus malaisé d'investir un grand espace qu'un petit, de canonner des hauteurs et des bois que des bas-fonds et des plaines[2].

4° Enfin, il paraît que « le terrain était pour nous, aux abords de Sedan, dans l'hypothèse d'une retraite, et que nos arrière-gardes, flanquées par le feu de la place démasquée, auraient pu contenir les corps ennemis venant du sud et de l'est[3] ». Voilà, certes, une abracadabrante proposition tactique ! Nous laissons au bon sens du lecteur le soin de l'écarter ; pourtant, nous ne pouvons résister à la tentation de faire remarquer à Y. K. que les pièces de rempart étaient en piètre état pour tirer utilement, ne possédant guère de munitions et encore moins d'artilleurs[4]. Hélas ! si les canons de la place de Sedan étaient en mesure de faire si bonne besogne « dans l'hypothèse d'une retraite[5] », de « contenir les corps ennemis[6] », que ne leur ont-ils interdit l'approche de leur artillerie et de leur infanterie jusque sous les murs de la caduque et impuissante forteresse !

---

1. *Revue de cavalerie*, numéro de décembre 1902, p. 308.

2. Lire la discussion de la question dans *La Retraite à Sedan*, p. 85 à 87. — La question sera traitée, *infrà*, quand nous examinerons la Ve proposition d'Y. K.

3. *Revue de cavalerie*, numéro de décembre 1902, p. 308. — C'est un nouvel aveu que, pendant que nous aurions abordé de front le défilé de Saint-Albert, Saint-Menges et Fleigneux, nous eussions été attaqués en flanc et en queue.

4. La place de Sedan « était à peine à l'abri d'un coup de main : ni vivres, *ni munitions*, ni approvisionnements d'aucune sorte. Quelques pièces avaient trente coups à tirer, *d'autres six ;* mais *la plupart manquaient d'écouvillons* ». (*La Journée de Sedan*, par le général Ducrot, p. 45.) — Général Derrécagaix, p. 291.

5. *Revue de cavalerie*, numéro de décembre 1902, p. 308.

6. *Ibid.*

IV

« L'impossibilité où se seraient trouvés les Allemands, le 1er septembre 1870, de nous barrer *efficacement* les directions de Mézières et de Rocroi, si le mouvement de retraite n'avait été arrêté par le général de Wimpffen [1]. »

Après avoir ainsi lancé, dans son premier article, cette affirmation catégorique, notre contradicteur l'atténue singulièrement dans son deuxième. Voici ce qu'il déclare :

« Établissons que les Allemands auraient été dans l'impossibilité, le 1er septembre 1870, de nous barrer *entièrement* la direction Mézières-Rocroi [2]. »

Voilà, du coup, le général Ducrot jeté à l'eau par son terreneuve ! En effet, que deviennent les tranchantes affirmations de ce foudre de guerre : « Si les ordres que j'avais donnés au moment où j'ai pris le commandement avaient été exécutés, *non seulement l'armée eût été sauvée mais, peut-être, même, eussions-nous remporté un succès relatif* [3]. » — Nos divisions d'infanterie « pouvaient *faire leur retraite en bon ordre ou s'écouler lentement* par les bois qui s'étendent d'Illy et Fleigneux à la frontière belge [4]. »

Mais le général Ducrot n'est pas le seul à faire le plongeon : le colonel Gillon, porte-parole posthume de M. Ducrot, est précipité de la même façon, lui qui avait écrit, à propos de la phrase que nous venons de citer, où assurance était donnée d'une « retraite en bon ordre » : « le général Ducrot est donc dans le vrai absolu [5]. »

1. *Revue de cavalerie,* numéro de décembre 1902, p. 284.

2. *Ibid.,* numéro de janvier 1903, p. 398.

3. *La Vie militaire du général Ducrot,* p. 421. — *Ibid.,* p. 405 et 409. — *La Journée de Sedan,* par le général Ducrot, p. 52. — « Il nous restait la route du nord. » (*Ibid.,* p. 24.)

4. *La Journée de Sedan,* par le général Ducrot, p. 43. — Voir, aussi, *ibid.,* p. 52.

5. *Retraite sur Mézières, Annexe à la Journée de Sedan,* par le général Ducrot, p. 43. — « Le général Ducrot se retirait à temps. » (*Ibid.,* p. 30.)

RETRAITE A SEDAN.   3

Eh bien, Y. K. avoue, maintenant, que son idole n'était pas
« dans le vrai absolu », qu'elle se trouvait tout au plus « dans le
vrai relatif », que les Allemands étaient en mesure « de nous
barrer *partiellement* la direction Mézières-Rocroi ». Nos efforts,
depuis plusieurs années, n'eussent-ils amené que ce résultat, il
n'en serait pas moins appréciable. Nous sommes loin de la retraite
assurée sur Mézières, « de l'impossibilité de nous barrer *efficacement* les directions de Mézières et de Rocroi ! »

A la suite de cette très honorable reculade, notre éminent
adversaire transcrit, après nous, un grand nombre de passages
du récit du grand État-major prussien, desquels il entend tirer la
conséquence que les XIe et V^e corps n'auraient pas été en état de
nous barrer « entièrement » la retraite vers l'ouest. Il nous est
impossible de reprendre cette discussion, que nous avons déjà
conduite à fond, et nous ne saurions, à cet égard, que renvoyer
à notre travail *La Retraite à Sedan,* qui ne laisse subsister aucun
doute sur la fermeture du passage occidental par les troupes de
la IIIe armée [1].

Nous allons simplement relever les erreurs matérielles, commises, de bonne foi, par Y. K., mais, auparavant, présentons
deux observations.

D'abord, nous tenons à faire remarquer qu'il semble ignorer
les opinions contraires aux siennes quand elles émanent de per-
sonnages militaires ou civils de quelque importance. Ils sont,
devant ses yeux, comme s'ils n'étaient pas. Ainsi, le colonel
Fabre, le major Scheibert, le colonel Ferdinand Lecomte, le
général Canonge, le colonel Borbstaedt, le baron du Casse, le
général de Galliffet, Rüstow, Arthur Chuquet, Jules Claretie, le
capitaine Félix Bonnet sont considérés par lui comme quantités
négligeables. Ne pouvant leur répondre, il les ignore et se con-
tente de choisir quelques noms, qu'il croit vulnérables, et dis-
cute leurs déclarations. Nous le suivrons dans ces critiques et y
répondrons, s'il y a lieu ; seulement, et ce sera notre seconde

---

1. *La Retraite à Sedan :* Témoignages allemands, p. 34 à 52 ; témoignages français.
p. 53 à 80.

observation, il nous est impossible de ne pas regretter les extraordinaires fantaisies de nos adversaires affirmant, à leur insu, nous
n'en doutons point, mais affirmant, néanmoins, des faits maté-
riellement faux, modifiant les textes et donnant au lecteur, peu
disposé à vérifier tout par lui-même, une impression contraire à
la vérité. Il est facile de triompher quand on apporte une pièce
dont les mots sont changés, dont les heures sont avancées ou re-
culées selon les nécessités de la démonstration à faire.

Notre ami nous a fait aussi un reproche[1], mais il n'y a aucun
rapport entre nos deux façons de procéder. Nous nous expliquons. Il faut bien commencer la copie d'un texte à un endroit
du volume pris à témoin et, alors, ce qui précède n'est pas
connu du lecteur. Impossible d'agir autrement, à moins de réim-
primer le livre tout entier. Donc, ayant à nous appuyer sur un
passage de l'ouvrage du grand État-major prussien, qu'avons-
nous fait? Nous avons coupé la partie intéressante pour notre
thèse, *sans en rien changer.* Or, c'est, justement, ce dont Y. K.
nous accuse, très galamment, nous en convenons. Selon lui,
nous aurions dû rapporter les lignes concernant l'armée du
prince de Saxe et enlever ces mots : *deux divisions d'infanterie
du IV*[e] *corps.*

Voyons le délit :

Texte allemand, p. 1085 :

« *Contre les positions de la Givonne :* Garde, XIIe corps, Ier bavarois et les divisions de cavalerie afférentes à ces corps. *Au sud,* contre
Sedan : IIe corps bavarois. *Contre la
route de Sedan à Mézières :* V[e] et
XIe corps. *Disponibles en arrière de
la première ligne :* deux divisions
d'infanterie du IVe corps, la division
wurtembergeoise, les IIe, IVe et VIe
divisions de cavalerie. »

Texte de M. Duquet, p. 37 :

«« *Contre la
route de Sedan à Mézières :* V[e] et
XIe corps. *Disponibles en arrière de
la première ligne :* deux divisions
d'infanterie du IVe corps, la division
wurtembergeoise, les IIe, IVe et VIe
divisions de cavalerie. »» Hélas ! c'était
plus qu'il n'en fallait pour arrêter les
malheureux corps d'armée français
que le général Ducrot voulait jeter
ainsi dans la gueule du loup. »

1. *Revue de cavalerie,* numéro de janvier 1903, p. 405 et 406.

Il nous semble que rien n'est plus clair, plus loyal que notre citation. Que s'agissait-il de prouver ? Que, le matin du 1er septembre, telles et telles forces étaient en mesure de couper la retraite vers *l'ouest*. Il n'était pas besoin, pour cela, d'énumérer les bataillons ennemis se trouvant à *l'est*. Voilà pourquoi nous n'avons pas commencé la citation plus tôt car nous aurions, alors, paru faire entrer en ligne de compte les troupes du prince de Saxe qui ne pouvaient nous barrer le chemin sur Mézières et dont la seule action, capitale, il est vrai, aurait consisté, dans cette hypothèse, à nous attaquer par derrière et en flanc. C'est donc, même, jusqu'à un certain point, un désavantage pour notre argumentation d'avoir omis l'armée de la Meuse dans l'énumération des forces prêtes à faire échouer l'absurde plan de Ducrot, mais nous sommes libre de ne pas user de tous nos droits et ne comprenons pas l'accusation portée contre nous.

Et les deux divisions du IVe corps, que vous mettez, nous objectera-t-on, derrière les XIe et Ve corps, lorsqu'elles sont derrière la Garde, le XIIe corps, le 1er bavarois et les divisions de cavalerie afférentes à ces corps ?

En vérité, nous n'avons pas eu l'idée de tronquer la citation, de faire observer que ces deux divisions du IVe corps poursuivraient notre armée d'un côté au lieu d'un autre parce que les seuls mots *IVe corps* indiquaient suffisamment où elles se trouvaient, parce que, enfin, après la désolante énumération des XIe, Ve corps, de la division wurtembergeoise, des IIe, IVe et VIe divisions de cavalerie, deux autres divisions de plus ou de moins n'avaient guère d'importance et ne méritaient pas l'honneur d'une mutilation, d'une explication de texte, surtout quand ces deux divisions, nous le répétons, devaient, en réalité, s'opposer, de concert avec la Garde, le XIIe corps et les deux divisions bavaroises, à la retraite de l'armée française. Tout le monde avait compris.

Ce que nous avons le chagrin de blâmer, chez nos adversaires, est beaucoup plus grave.

Qu'on en juge.

Voici les citations accolées :

1° Relativement aux affirmations erronées :

Vie militaire du général Ducrot,
page 405 :

« Il est certain que le chemin d'Illy
à Fleigneux, Bosséval, Bois-Condé,
La Grandville, etc., a été libre *jus-*
qu'à 11 heures du matin, que, de
11 heures à 1 heure, il n'a été occupé
que par l'artillerie ennemie, soute-
nue seulement par quelques esca-
drons. »

La Journée de Sedan, par le général Ducrot, p. 34 :

« Toute la partie nord-ouest du
champ de bataille, entre Floing et
Illy, était battue, depuis *11 heures,*
par un épouvantable feu d'artillerie.
L'infanterie allemande n'avait pas
encore paru. »

Ibid., p. 42 :

« *Vers 11 heures...*, nos quatre divisions de cavalerie débordaient la
gauche de l'ennemi et pouvaient enlever sa nombreuse artillerie, si témé-
rairement engagée sur nos derrières,
sans autre appui que celui de quel-
ques escadrons. »

La Guerre franco-allemande, 1re
partie, page 1153 :

« La XLIIe brigade d'infanterie, qui
s'était rabattue de Briancourt sur Montimont, avait continué à s'avancer vers
l'artillerie de corps et, *à 9 heures,* sa
tête de colonne *débouchait déjà sur*
Saint-Menges. C'était un *nouveau sou-*
tien pour l'artillerie engagée. »

Et il y avait bien d'autres troupes
d'infanterie prussienne, avant 11 heures, aux environs de Saint-Menges et
de Fleigneux ! (Voir, à ce sujet, *La*
Guerre franco-allemande, 1re partie,
notamment p. 1149, 1150, 1152, 1155,
1158 et 1159.)

Nous ne donnons pas, ici, les nombreuses citations des auteurs
français relatant l'entrée en ligne de l'infanterie prussienne, du côté
de Saint-Menges, avant 9 heures, avant 10 heures, avant 11 heures
car, aujourd'hui, le fait n'est plus contesté [1].

Continuons.

Le Correspondant, numéro du 25
août 1900, page 626 :

« De ce côté (Saint-Menges et Flei-

La Guerre franco-allemande, 1re
partie, page 1149 :

« Vers 6 heures du matin, un parti

1. Voir, notamment, un de nos adversaires, le colonel Gillon : *Retraite sur Mézières,*
Annexe à la Journée de Sedan, par le général Ducrot, p. 29.

gneux), l'infanterie ennemie, d'après les documents officiels eux-mêmes de la IIIe armée, *ne fut en mesure d'agir que vers 1 heure de l'après-midi.* »

Retraite sur Mézières, Annexe à La Journée de Sedan, par le général Ducrot, page 29 :

« Ni infanterie, ni artillerie, *avant 9 heures, dans le défilé* (de Saint-Albert), *rien que quelques fractions de cavalerie.* »

Ibid., pages 28 et 29 :

« La relation allemande ne parle pas d'infanterie à 9 heures dans le défilé. ««Ce n'est que vers 9 heures du matin, dit-elle, que la cavalerie, qui forme tête d'avant-garde du XIe corps, est franchement engagée dans le défilé [1]. »»

de cavalerie, de la division Margue- ritte, avait exploré le pays en avant d'Illy, mais *ne s'était pas aperçu de la marche des colonnes prussiennes;* dans une nouvelle reconnaissance, exé- cutée au delà de Saint-Menges, d'après les ordres du général de Wimpffen, les patrouilles ennemies se heurtaient enfin, à Saint-Albert, aux 2e et 3e es- cadrons du 14e hussards, réunis en tête des troupes du XIe corps, venant de Montimont et de Briancourt. Les éclai- reurs français se replient sur Saint- Menges ; les hussards hessois les sui- vent, mais la fusillade qui les accueille et la présence, à côté du village, de plusieurs escadrons de cuirassiers les obligent à revenir sur Saint-Albert. Le général de Gersdorff commande alors au *bataillon de fusiliers du 87e d'atta- quer Saint-Menges ;* mais tout se borne à quelques coups de feu, tirés du village, que les fusiliers occupent sans combat. *La majeure partie du régiment vient prendre position à l'est, le front vers Illy ; trois compa- gnies continuent dans la direction du sud. L'une, la 11e, gagne un petit bois clos de murs situé sur le mamelon 812* (Le Hattoy), *à l'est de la route de Floing. Les deux autres* (8e et 10e) conduites par le capitaine de Fischer-Treuenfeld, *descendent sur Floing, enlèvent, vers 9 heures,* après une légère escarmouche, *les deux premières habitations* et pénètrent, à la suite, des Français en retraite, dans la partie nord-ouest du vil- lage. »

Le Correspondant, numéro du 25 août 1900, page 631 :

Le 1er septembre, le passage de la

La Guerre franco-allemande, 1re partie, p. 1147 :

« *Vers 3 heures,* le XIe corps avait

---

1. Où se trouve cette citation de la *Guerre franco-allemande* ? Évidemment, nous avons mal cherché ; il est impossible que le colonel Gillon ait commis une altéra- tion de cette envergure ; seulement, nous serions heureux de la lire dans le texte prussien.

Meuse par les Allemands « *n'a commencé qu'à 5 heures du matin* ».

quitté ses bivouacs et s'était porté sur le pont fixe de Donchery qu'il commençait à traverser..... *Vers 5 heures un quart, le XIe corps se trouvait formé en entier au nord de Donchery.* »

Ibid. :

« Le Ve corps s'était mis en marche, par Omicourt, à 2 heures et demie du matin et, *à 4 heures, son avant-garde débouchait sur la Meuse. Les troupes franchissaient la rivière.* »

Le Correspondant, numéro du 25 août 1900, p. 615 :

« Il convient de préciser l'heure à laquelle le commandant du 1er corps fut investi de la redoutable mission qui lui incombait ; cette question d'heure demande à être serrée de très près, parce que, dans la situation où se trouvait l'armée française, le temps devenait un facteur prépondérant : ce qui était possible à 7 heures du matin pouvait, en effet, n'être plus réalisable une heure ou deux heures plus tard... Or, le général Ducrot, dans *La Journée de Sedan* (Édition de 1883, p. 143[1]),

dans sa déposition devant la commission d'enquête sur les actes du

La Journée de Sedan, par le général Ducrot (édition de 1871), p. 24 :

« *A 7 heures et demie,* au moment où le général ordonnait le mouvement de retraite. »

Dans *La Journée de Sedan*, p. 21, M. Ducrot dit qu'il a vu les masses noires du prince de Saxe se diriger

---

1. Il doit y avoir erreur de page : ce ne doit pas être page 143. Nous n'avons pu nous procurer cette édition de 1883, même à la Bibliothèque nationale où elle ne se trouve pas. A ce sujet, nous signalons le système du général Ducrot. Sa *Journée de Sedan*, publiée en 1871, ne laissait rien debout de son plan fantaisiste : il ne s'était pas relu. Alors, plus tard, il n'a pas hésité un seul instant quand il s'est aperçu de son imprudence ; il a revu et corrigé ladite édition et, en 1873, 1875, 1877 et, paraît-il, 1883, il en fit paraître de nouvelles dans lesquelles, pour les besoins de sa cause, étaient enlevés : le Journal de marche du commandant Corbin, les extraits des notes du colonel Robert, les extraits des notes du capitaine Achard (il serait intéressant de connaître en totalité les notes de ces deux officiers), les extraits des souvenirs du commandant Faverot de Kerbrech, les souvenirs du colonel d'Andigné, pièces écrasantes pour la thèse de l'étourdi de Sedan.

Gouvernement de la Défense nationale [1].

dans de nombreuses notes manus-
crites,

dans une lettre intime écrite le lendemain même de la bataille,

a fixé *6 heures trois quarts, 7 heures* ».

sur Villers-Cernay avant de recevoir
l'ordre, apporté par le commandant
Riff, le nommant général en chef et
que, *au même moment*, il reçut, par
un paysan, un billet du maire de Villers-Cernay.

Dans ses notes, recueillies par le
colonel Gillon, il dit que ce billet lui
a été apporté « *vers 7 heures et demie* ».
(*Retraite sur Mézières, Annexe à
La Journée de Sedan*, par le général
Ducrot, p. 27.)

Donc, il n'a pas été investi du commandement « à 6 heures trois quarts,
7 heures », comme l'affirme Y. K.
dans le passage ci-contre du *Correspondant*.

*La Vie militaire du général Du-
crot*, p. 409 :

« Mouvement que j'avais ordonné
à 8 heures du matin, pour occuper le
village d'Illy. »

La Journée de Sedan, par le général Ducrot, page 123 :

Le colonel Robert, chef d'état-major de M. Ducrot, dit *8 heures et demie.*

Ibid., p. 137 :

Le capitaine Achard, attaché à l'é-
tat-major du 1er corps, dit *8 heures.*

Dr Sarazin, p. 121 :

Le Dr Sarazin, médecin en chef du
1er corps, dit *8 heures.*

Carnet de campagne du commandant Rouff :

Le commandant Rouff dit *après
8 heures et demie.*

Franchement, il n'est pas facile d'accumuler autant de contre-
vérités. *Tot verba, tot errores.*

---

[1]. Il nous a été impossible de trouver, dans la déposition du général Ducrot, un mot
se rapportant à sa prise de commandement. Peut-être nos yeux ont-ils passé vingt fois
sur la phrase en question sans la voir.

2° Relativement aux modifications des textes :

Revue de cavalerie, numéro de janvier 1903, page 401 :

« Cependant, il est probable que les Allemands n'étaient pas encore en grandes forces de ce côté...., les Ve et XIe corps n'avaient pas encore passé (FINI DE PASSER) [*sic*] la Meuse. (*La Troisième invasion*, par Eugène Véron.) »

Ibid., page 402 :

« Rien n'autorisait donc M. Véron à se baser sur son récit (le récit du commandant Hervé) pour dire que, le 31, à midi «« les troupes allemandes *marchaient déjà sur Mézières* »», alors qu'elles marchaient simplement sur Donchery, et raconter qu'elles n'avaient pas encore «« *fini de passer la Meuse* [1] »».

La Troisième Invasion, par Eugène Véron ; Paris, Ballue, 1876 ; p. 208 :

« Cependant, il est probable que les Allemands n'étaient pas encore en grandes forces de ce côté...., les Ve et XIe corps de l'armée du prince royal de Prusse, un peu plus rapprochés et maîtres des ponts de Dom-le-Mesnil et de Donchery, *n'avaient cependant point encore passé la Meuse.*»

On voit que Y. K. donne le contraire de ce qu'a écrit M. Eugène Véron.

La Sortie de la Marne, par Y. K., p. 27 :

« Ce désespoir est augmenté par la pensée que, si le fatal aveuglement du général de Wimpffen n'était pas venu arrêter l'exécution du mouvement que j'avais ordonné *à 7 heures du matin* pour occuper le village d'Illy, notre retraite sur Mézières était assurée et, peut-être, au lieu d'un désastre effroyable, eussions-nous pu enregistrer un succès relatif. »
(Citation faite par Y. K.)

La Vie militaire du général Ducrot, p. 409 :

« Ce désespoir est augmenté par la pensée que, si le fatal aveuglement du général de Wimpffen n'était venu arrêter l'exécution du mouvement que j'avais ordonné à *8 heures du matin* pour occuper le village d'Illy, notre retraite sur Mézières était assurée et, peut-être, au lieu d'un désastre effroyable, eussions-nous pu enregistrer un succès relatif. »

---

1. Dans les appendices, transcrits par Y. K. à la fin de sa réponse, les citations de l'ouvrage du grand État-major prussien sont faites avec une heure de retard, sur le texte vrai, dans l'arrivée des troupes à Floing et Saint-Menges, sous le prétexte que la rédaction officielle a falsifié ces heures. (*Revue de cavalerie*, numéro de février 1903, p. 455.) Comme notre contradicteur avance d'une heure l'ordre de retraite donné par Ducrot (voir, *supra*, la discussion de la deuxième proposition d'Y. K.), cette façon d'opérer lui fournit deux heures en faveur de ses hypothèses personnelles.

Sept heures au lieu de *huit heures,* alors que « ce qui était possible à *sept heures du matin* pouvait, en effet, n'être plus réalisable une heure ou deux plus tard [1] ! »

Reprenant les propres expressions de notre contradicteur, « nous n'aurions pas insisté sur ces citations incomplètes (et infidèles, ces substitutions, ces omissions) si elles n'étaient de nature à donner des impressions inexactes au lecteur et nous nous permettons d'en signaler les inconvénients à notre excellent ami Y. K., persuadé que, certainement, telle n'a pas été son intention, mais bien que, notamment, le changement de *8 heures* en *7 heures* a été involontaire de sa part [2]. »

Examinons, maintenant, les prises à partie de celui-ci ou de celui-là.

Dès les premières pages, c'est le général de Wimpffen qui est visé par notre antagoniste. Nous donnerons bientôt notre avis sur la querelle, mais, tout de suite, nous tenons à ce qu'on connaisse ce que nous pensons de ce général.

Hélas ! il était ce qu'étaient, alors, ce que sont encore, aujourd'hui, un trop grand nombre de nos officiers supérieurs et généraux. Oui, ces hommes de 1870 étaient braves jusqu'au sublime, merveilleusement aptes à conduire un régiment, une brigade et à les faire manœuvrer, mais incapables de se servir du terrain, puisqu'ils ne savaient pas lire une carte, d'utiliser leur cavalerie, puisqu'ils l'encadraient toujours par leur infanterie, leur artillerie, puisqu'ils ne savaient pas la grouper de manière à produire quelque effet sur l'ennemi ; ils étaient impropres à comprendre les axiomes de tactique et de stratégie auxquels, de toute éternité, se sont tenus les grands capitaines. Oui, Mac-Mahon, Canrobert, Bourbaki, Wimpffen étaient de simples entraîneurs d'hommes, ce n'étaient point des généraux conducteurs d'armée, même de corps d'armée.

Quant au général de Wimpffen, il possédait, sur ses camarades d'Afrique, de Crimée, d'Italie, l'avantage d'un certain ins-

---

1. *Le Correspondant,* numéro du 25 août 1900, p. 615.
2. *Revue de cavalerie,* numéro de janvier 1903, p. 406.

tinct militaire qui lui faisait, quelquefois, deviner un danger là
où les Ducrot se fourvoyaient en présomptueux et en aveugles.
Arrivé depuis la veille à l'armée de Sedan, il savait, le 1er septembre, au lever du soleil, que la route de Vrigne-aux-Bois
était ou allait être coupée. Il n'a pas dépendu de lui que, de
bonne heure, les hauteurs du Hattoy et de Saint-Menges, commandant la sortie du défilé de Saint-Albert, fussent occupées
par plusieurs de nos batteries, gardées par quelques bataillons
d'infanterie. Il nous a formellement déclaré combien il avait été
surpris de voir le maréchal de Mac-Mahon abandonner ces admi-
rables positions, à la première apparition des cavaliers ennemis.
Mais il n'était pas, à cette minute, général en chef et n'avait pas
le don d'influencer le duc de Magenta, qui ne l'aimait point.

Donc, à Sedan, le général de Wimpffen avait vu juste quand il
avait compris et signalé la marche des Allemands sur Donchery
et la route de Mézières; il avait vu juste, également, quand il
avait senti que le salut se trouvait dans l'achèvement du succès
de Lebrun, à Bazeilles, et il avait prononcé le vrai mot de la
situation, le vrai mot tactique, quand il s'était écrié, en réponse
à Ducrot qui, à 9 heures du matin, au bruit de la fusillade et
de la canonnade de Floing, de Saint-Menges et de Fleigneux,
le bernait avec son plan de retraite par le nord-ouest : « Pour
le moment, Lebrun a l'avantage, il faut en profiter. Ce n'est
pas une retraite qu'il nous faut, c'est une victoire [1]! » Tôt ou
tard, l'histoire et la conscience des vrais militaires lui rendront
justice et remettront à son humble place l'écervelé que fut
Ducrot.

Quoi qu'il en soit, après les mouvements exécutés selon les prescriptions de Ducrot, de 8 heures ou 8 heures et demie à 9 heures,
il n'y avait plus rien à faire : la bataille était perdue, le désastre
inéluctable. A cet instant, il ne restait plus à la malheureuse
armée française que l'expédient d'une fuite par Torcy : la résistance sur place, la poussée vers Carignan n'étaient plus faisables
puisque M. Ducrot avait évacué les rares positions défensives

---

1. *La Journée de Sedan,* par le général Ducrot, p. 31. — Mais il était trop tard;
une heure avait été perdue.

dominantes que nous occupions jusqu'à 8 heures et demie[1]. En
tous cas, si l'on ne pouvait plus, si l'on ne voulait plus manœuvrer, c'était le moment de dire à chaque régiment, à chaque
homme : « Faites comme il vous plaira ; sauvez-vous à l'est, à
l'ouest, au sud ou au nord, par la Belgique ou par la France ; il
y aura toujours plusieurs milliers de soldats qui passeront à travers les mailles du filet que les Allemands tendent pour nous
prendre d'un seul coup. » Aussi bien, nous reprendrons la discussion plus tard, seulement, nous tenions à formuler, en quelques
mots et tout de suite, nos idées sur la question tactique à Sedan.

Maintenant, arrivons aux querelles cherchées au général de
Wimpffen par Y. K.

Le général aurait déclaré, dans son livre, *qu'il savait que,
depuis la veille au soir* (31 août), *des masses allemandes interceptaient la route de Mézières ; que 80 000 Allemands avaient
passé la Meuse à Donchery et à Dom-le-Mesnil*[2].

Eh bien, le général de Wimpffen ne s'était pas trompé de beaucoup : le 31 août, au soir, les 80 000 Allemands de la IIIᵉ armée
n'avaient pas encore passé la Meuse à Donchery mais avaient
commencé ce passage ; les masses allemandes n'interceptaient
pas encore la route de Mézières mais allaient la remplir, de leurs
cavaliers, le lendemain matin au petit jour, la mettre sous le feu
de leurs canons dès 6 heures du matin, la couper complètement
avec leur infanterie à 7 heures et demie[3], au moment où M. Ducrot la croyait libre, trente minutes ou une heure avant qu'il pres-
crivît le mouvement de concentration sur Illy, mouvement qui

1. Nous expliquerons, *infrà*, p. 65 et 66, comment cette évacuation a été faite.

2. *Revue de cavalerie*, numéro de janvier 1903, p. 399.

3. *La Guerre franco-allemande*, 1ʳᵉ partie, p. 1076, 1080, 1084, 1139 et 1146 à
1149. — Y. K. l'avoue : « Déjà, dans l'après-midi du 31, l'avant-garde du XIᵉ corps
avait atteint Donchery ; à 3 heures, le village était occupé par trois bataillons et demi,
un escadron, une batterie, et un pont jeté par les pionniers, près de l'auberge de
Condé ; quelques détachements, envoyés par le groupe occupant Donchery, s'étaient
un peu avancés sur la rive droite, occupant Vrigne-sur-Meuse (trois kilomètres ouest
de Donchery), qu'il ne faut pas confondre avec Vrigne-aux-Bois. » (*Revue de cavalerie*, numéro de janvier 1903, p. 399.) — Les cavaliers allemands avaient, dès le 31
au soir, atteint la route Sedan-Mézières par Vrigne-aux-Bois. « Le général Douay
savait, mieux que personne, qu'il y avait des Allemands sur la route de Mézières depuis la veille (31 août) ; il en avait lui-même prévenu le maréchal de Mac-Mahon. »
(Colonel Grouard, p. 126.)

devait, suivant ses calculs, amener nos soldats devant Vrigne-aux-Bois vers midi ou une heure [1] !

Nous le demandons à tout homme de bonne foi : Des deux généraux, quel est celui qui s'est trompé, quel est celui qui a deviné les positions de l'ennemi, le mouvement qu'il accomplissait vers la route de Vrigne-aux-Bois ? Est-ce celui qui croyait le chemin ouvert (Ducrot) ? Est-ce celui qui savait les Allemands passant la Meuse à Donchery, le 31 au soir, maîtres de Vivier-au-Court et de Vrigne-aux-Bois, le lendemain matin, à 7 heures et demie (de Wimpffen) ?

Oui, il est évident que le dernier ne voulait pas de la route de Mézières parce qu'il était instruit, depuis la veille, de l'occupation de Donchery par les Prussiens, et que le premier en tenait toujours pour la retraite de ce côté parce qu'il a ignoré, jusqu'à près de 9 heures du matin, le passage de la Meuse par l'ennemi, son entrée à Vrigne-aux-Bois et à Bosséval [2]. Encore un coup, des deux généraux, n'était-ce pas Wimpffen qui avait, le mieux, discerné la véritable position des Allemands ?

Voilà pour le bouc émissaire de M. Ducrot et de ses tenants ; passons à M. Véron.

On lit dans le livre de celui-ci : « Le 31, à midi, des troupes allemandes *marchaient déjà sur Mézières* [3]. » Et Y. K. de protester : « Ce n'est qu'à 3 heures que l'avant-garde du XIe corps atteint la Meuse et elle ne pousse pas plus loin que Donchery [4]. »

Mais, pardon ! M. Véron n'a pas dit que ces troupes faisaient partie d'un corps ou d'un autre, il a dit « des troupes allemandes ». Il n'a pas dit, non plus, que ces troupes marchaient sur Mézières

---

1. Voir, notamment, *Retraite sur Mézières, Annexe à la Journée de Sedan*, par le général Ducrot, p. 43 à 45.

2. Nous copions littéralement, dans le *Carnet de campagne* du commandant Rouff, aide de camp de Ducrot, le passage suivant qui est décisif à cet égard : « Des obus venant de cette direction (Vrigne-aux-Bois) nous donnent à penser que le pont de Donchery n'a pas été coupé et que *nous sommes tournés de ce côté*. Impression indicible produite sur nous par cette triste conviction. » — Voir, aussi, *la Retraite à Sedan*, p. 38 et 39.

3. Eugène Véron, p. 246.

4. *Revue de cavalerie*, numéro de janvier 1903, p. 401, note 1.

par la route de la rive droite. Alors, sa déclaration est inattaqua-
ble puisque, ce jour-là, les soldats du 13e corps français luttaient
avec les Allemands à Poix et à Flize, puisque cette dernière commune est à une lieue et demie de Mézières [1].

De même, quand M. Véron déclare que «les Allemands n'étaient
pas encore en grandes forces de ce côté [2] », il entend, par *ce côté*,
le pays s'étendant à l'ouest de la boucle de la Meuse, sur la rive
gauche et non sur la rive droite, attendu qu'il avertit que les
Wurtembergeois, les Ve et XIe corps, seules troupes d'infanterie
ennemie se trouvant au sud-ouest de Sedan, « n'avaient pas
encore passé la Meuse [3] » et non « fini de passer », comme Y. K.
le fait écrire à M. Véron [4].

Quant au récit du commandant Hervé, il est clair que M. Véron
ne s'étaye pas dessus afin de prouver le passage du fleuve par les
Ve et XIe corps, puisqu'il dit que ces corps n'ont pas encore passé
la Meuse [5], mais simplement afin de signaler la marche des Allemands sur Mézières par la rive gauche.

Puis, c'est au tour de l'officier supérieur qui a osé avancer, après
le général de Wimpffen, que, « dans la soirée et dans la nuit du
31 août au 1er septembre, 80 000 hommes des Ve et XIe corps
prussiens, soutenus par les Wurtembergeois et par la IVe division
de cavalerie, avaient franchi la Meuse à Dom-le-Mesnil et à Donchery [6] ». Et Y. K. d'ajouter, ironiquement : « Bien documenté,
l'officier supérieur [7] ! » Eh ! mais, pas trop mal. Nous avons montré, plus haut, que le passage par l'armée du prince royal avait
commencé dans la soirée du 31, qu'il avait continué pendant la
nuit, si bien que, le matin, à 6 heures, la cavalerie, l'artillerie,
les XIe et Ve corps étaient au nord de Donchery et de Dom-le-

---

1. *Siège de Paris*, par le général Vinoy, p. 43 et 45. — *La Guerre franco-allemande*, 1re partie, p. 1077 et 1078.

2. Eugène Véron, p. 248.

3. *Ibid.*

4. *Revue de cavalerie*, numéro de janvier 1903, p. 401.

5. Eugène Véron, p. 248.

6. *Le général de Wimpffen. Réponse au général Ducrot*, par un officier supérieur ;
Paris, Librairie Internationale, 1871 ; p. 40.

7. *Revue de cavalerie*, numéro de janvier 1903, p. 402.

Mesnil[1]. Si ce n'est pas « avoir franchi la Meuse », c'est qu'il en est des fleuves comme des montres, qui avancent ou retardent, et qu'on les passe ou qu'on ne les passe pas selon les besoins de la mauvaise cause du général Ducrot.

A présent, notre tour arrive d'être malmené. M. de Moltke avait donné l'ordre « de jeter, dans la nuit même, des troupes au nord de la Meuse, de manière à se trouver à cheval sur cette route et prêt à agir offensivement dès le point du jour[2] ». Après avoir rapporté ce passage, nous avons eu l'imprudence d'ajouter : « Et ces ordres furent exécutés, comme il résulte des constatations du grand État-major prussien[3]. » Sur ce, notre adversaire de bondir et de s'écrier : « Le 1er septembre, *à 3 heures et demie du matin,* toute l'aile gauche allemande était encore au sud de la Meuse. (*État-major allemand,* p. 1147.) Dès le point du jour, il n'y avait personne à cheval sur la route Sedan-Mézières; on ne faisait que passer la Meuse, dans la plus grande confusion, et l'on n'était nullement prêt à agir offensivement. Ce n'est qu'à 7 heures et demie que les avant-gardes atteignaient la fameuse route à intercepter dès le point du jour (*État-major allemand,* p. 1147, 1148)[4]. »

Voilà de curieuses assertions. Alors, le 1er septembre, le point du jour est à 3 heures et demie du matin ! Mais le soleil se lève seulement à 5h16m, il apparaîtrait donc au-dessus de l'horizon plus d'une heure trois quarts après avoir commencé à dissiper les ténèbres de la nuit ! Non, au mois de septembre, on ne voit guère, de façon à se diriger dans la campagne, plus de trois quarts d'heure avant le lever du soleil. De plus, ce jour-là, en raison de la brume épaisse, la lueur de l'aurore a dû certainement être plus longue à se montrer et le point du jour a été retardé d'autant. Par conséquent, il faut compter que, le 1er septembre 1870, il n'a fait quelque peu clair que vers 4 heures et demie. Comme il n'y a qu'une lieue de Donchery à la route Sedan-Mézières, comme le

1. *La Guerre franco-allemande,* 1re partie, p. 1147.
2. *Ibid.,* p. 1083.
3. *La Retraite à Sedan,* p. 36.
4. *Revue de cavalerie,* numéro de janvier 1903, p. 404.

Vᵉ corps avait commencé à franchir la Meuse à 4 heures [1], comme le restant du XIᵉ corps avait gagné un des ponts de Donchery à 3 heures du matin [2], les têtes de colonnes de ces deux corps ne devaient pas être loin de la fameuse route au point du jour, c'est-à-dire à 4 heures et demie. S'ils n'étaient pas *à cheval* sur cette route, ils ne l'en commandaient pas moins, tandis que les cavaliers allemands, eux, se trouvaient, naturellement, *à cheval* sur la même route [3]. Donc, avant le lever du soleil, il y avait « des troupes au nord de la Meuse, *à cheval* sur la route de Sedan-Mézières et prêtes à agir offensivement [4] ». Donc, nous n'avons pas avancé un fait faux quand nous avons dit que « les ordres de M. de Moltke avaient été exécutés ».

En vérité, notre excellent adversaire n'a pas de chance avec ses indignations, avec ses démentis !

Un peu plus loin, nous sommes accusé d'avoir, dans une note, allégué que « le 31, au soir, une grosse partie du XIᵉ corps avait franchi la Meuse, à Donchery [5] ». Il suffit de jeter les yeux sur le croquis encarté à la page 1078 de l'ouvrage du grand État-major prussien (et non allemand, comme Y. K. l'appelle souvent) pour voir que nous n'avons fait que nous y conformer strictement. Certes, oui, une partie du XIᵉ corps campait entre Cheveuges et Donchery, mais une autre *grosse partie* avait passé le fleuve et se composait de bataillons sous la conduite du général de Gersdorff en personne. « A son arrivée à Donchery, avec l'avant-garde, le lieutenant-général de Gersdorff prescrivait à la 1ʳᵉ compagnie de pionniers d'établir un deuxième pont dans le voisinage de l'auberge de Condé ; à 3 heures, le travail était achevé. Des détachements, qui avaient été postés sur la rive droite pour couvrir l'opération, délogeaient l'infanterie ennemie de Vrigne-sur-Meuse,

1. *La Guerre franco-allemande*, 1ʳᵉ partie, p. 1147. — *Revue de cavalerie*, numéro de janvier 1903, p. 400.

2. *La Guerre franco-allemande*, 1ʳᵉ partie, p. 1147. — *Revue de cavalerie*, numéro de janvier 1903, p. 400.

3. *La Guerre franco-allemande*, 1ʳᵉ partie, p. 1139.

4. *Ibid.*, p. 1083.

5. *La Retraite à Sedan*, p. 36. — *Revue de cavalerie*, numéro de janvier 1903, p. 405.

ainsi que du moulin Rigas, et occupaient ces deux points. La
3ᵉ compagnie de pionniers achevait de rompre la voie, aux abords
de Donchery, et faisait sauter, à l'ouest de ce bourg, le pont sur
lequel la ligne ferrée franchit la Meuse. Sur ces entrefaites,
l'avant-garde, forte de trois bataillons et demi, un escadron et
une batterie, avaient occupé Donchery et jeté également du
monde au nord et à l'est [1]. »

On voit que notre allégation n'était pas aussi hasardée que
notre adversaire désirerait le faire croire et nous venons d'avoir
encore un exemple de sa façon d'argumenter. C'est sans cesse à
côté, à propos d'un détail insignifiant que, très habilement, il
s'efforce d'appeler l'attention, vous distrayant de la question
principale ; il adore l'accessoire. En l'espèce, qu'importe que le
XIᵉ corps ait traversé la Meuse en tout ou partie, à 5 heures du
soir, le 31, ou à 4 heures du matin, le lendemain ? Ce qui est
intéressant à connaître c'est à quelle heure, le 1ᵉʳ septembre, il
coupait la route de Mézières, il arrivait devant Saint-Menges. Le
reste n'est que hors-d'œuvre.

Maintenant, que dire de tous les raisonnements, se rappro-
chant plus de la question, accumulés par Y. K. afin de démontrer
que le grand État-major prussien s'est écarté de la vérité quand
il a déclaré qu'à 7 heures et demie les XIᵉ et Vᵉ corps, établis à
deux pas de la route Sedan-Mézières (rive droite), n'avaient pas
reçu l'ordre du prince royal de tourner à droite et de se diriger
sur Saint-Menges ?

Nous avouons ne pas avoir le courage de suivre notre contradicteur dans tous les détails de sa réponse : il faudrait un volume
pour relever et réfuter, point par point, les erreurs de calcul et
de logique entassées par lui dans sa confuse démonstration. Nous
croyons arriver, autrement, à réduire cette prétendue démonstration au néant, et cela par des moyens beaucoup plus simples.

Seulement, nous tenons à faire observer, tout de suite, que la
plupart des raisonnements d'Y. K. ne sont appuyés sur rien : il
affirme, donc c'est vrai. Ce n'est pas notre avis, ce n'est pas notre

---

1. *La Guerre franco-allemande*, 1ʳᵉ partie, p. 1076 et 1077.

manière de procéder. On verra, plus loin, comment nous trouverons l'heure d'arrivée des troupes prussiennes devant Saint-Menges et c'est là, justement, que l'on découvrira le vice du système de notre adversaire ; en effet, pour faire prévaloir ses idées, il ne lui suffirait pas de prouver que le récit du grand État-major prussien est falsifié, il lui faudrait encore démontrer que tous les autres récits français, allemands et étrangers sont également falsifiés, puisque tous sont en conformité avec celui de M. de Moltke.

Mais il existe un point spécial que nous voulons élucider, car il est curieux et pourrait agir sur le jugement de quelques personnes peu disposées à aller au fond des choses.

A 7 heures, dit notre excellent ami, la brume se dissipe ; le prince royal, installé à la Croix-Piot, au sud de Sedan, examine les mouvements de troupes ; il voit qu'il faut nous barrer le chemin de l'ouest et ordonne la conversion sur la droite, par le défilé de Saint-Albert. Mais il y a deux lieues de la Croix-Piot aux deux corps d'armée chargés de nous arrêter ; donc il faudra plus d'une heure à son aide de camp pour porter l'ordre. Il faudra aussi que les troupes se mettent en marche, passent toutes par l'unique défilé de Saint-Albert. Par conséquent, l'avant-garde du XIe corps, précédant le Ve, arrivera seulement à 9 heures et demie à Saint-Albert, ou, « plus vraisemblablement, à 9^{h}40^m [1] » ; par conséquent le récit du grand État-major prussien est faux.

A vrai dire, nous n'avons pas, personnellement, une tendresse exagérée pour la narration officielle de M. de Moltke ; nous ne nous en constituons pas le défenseur et l'avons critiquée quand il existait des raisons sérieuses de la malmener ; mais, en l'espèce, selon nous, ce n'est pas l'occasion et personne ne peut se tromper sur ce qu'a voulu faire entendre le grand État-major, en dépit de la défectuosité de la phrase.

---

1. *Revue de cavalerie*, numéro de janvier 1903, p. 421. — Voir, *ibid.*, p. 407 à 422. — En réalité, le grand État-major prussien a copié, purement et simplement, un passage d'un récit paru avant le sien. En effet, on lit dans Rüstow : « Le prince royal ordonna donc, *à 7 heures*, au XIe corps de marcher sur Saint-Menges. Le général de Gersdorff reçut cet ordre, *à 7 heures et demie*, à Briancourt. » (Rüstow, *Guerre des frontières du Rhin, 1870-1871* ; traduit de l'allemand par Savin de Larclause, colonel du 1er lanciers ; Paris, Dumaine, 1871 ; t. Ier, p. 332.)

On doit lire un récit de bataille avec l'idée que le rédacteur a voulu dire quelque chose de raisonnable. Or, si l'on accepte l'interprétation d'Y. K., le grand État-major prussien a affirmé l'existence d'une impossibilité, d'une absurdité révélant sa mauvaise foi. Si M. de Moltke avait voulu falsifier, il ne se serait pas arrêté en chemin et, puisqu'il venait de déclarer, à tort, que les XIe et V^e corps avaient tourné vers Saint-Albert, à 7 heures et demie, sur l'ordre de Fritz, au lieu d'avertir le lecteur que cet ordre était parti de la Croix-Piot à 7 heures et avait été porté par le major Hahnke, il aurait, afin qu'on ne s'aperçût pas de la fraude, écrit que c'était à 6 heures, ou 6 heures et demie, sur les renseignements apportés par les officiers occupant Donchery depuis la veille, que le major avait été expédié aux généraux de Kirchbach et de Gersdorff. Quel est le témoin qui l'eût contredit? Quels sont ceux qui protestent contre la conversion des deux corps vers Saint-Albert à 7 heures du matin? Voyons donc ce qui semble naturel, possible, forcé même, en raison de la position des troupes et des autres récits, allemands et français, de la journée de Sedan.

D'abord, il résulterait de la *lettre* de l'ouvrage du grand État-major prussien que, au même instant, à 7 heures et demie du matin, le major Hahnke a donné l'ordre de marcher sur Saint-Albert : et au Ve corps, à Vivier-au-Court, et au XIe, à Vrigne-aux-Bois, Briancourt et Montimont. Qui le croirait? Non, ce sont différents officiers, partis de la Croix-Piot, sous la direction et en même temps que le major Hahnke, qui ont porté l'ordre dans toutes les directions.

Ensuite, y a-t-il huit kilomètres de la Croix-Piot à Vivier-au-Court? comme le dit Y. K.[1]. Il nous paraît exagérer les distances, *ad causam*.

Enfin, qu'a voulu faire savoir le rédacteur officiel prussien? Qu'à 7 heures et demie, les XIe et V^e corps étaient parvenus soit à la route de Sedan-Mézières (rive droite), soit à quelques pas de cette route; qu'à ce moment, l'ordre expédié par le prince royal,

1. *Revue de cavalerie,* numéro de janvier 1903, p. 409.

« de la pente nord-est de la Croix-Piot[1] », avait touché les commandants des deux corps d'armée. Est-ce vrai ? Est-ce à cette heure que la conversion vers l'est a été exécutée par les régiments des généraux de Gersdorff et de Kirchbach ? Pour le savoir, cherchons à quelle minute leur infanterie a paru devant Saint-Menges et Floing.

Le XIe corps a débouché du défilé de Saint-Albert, devant Saint-Menges, *avant 9 heures*[2] ; le Ve corps, mélangé avec le XIe, *vers 9 heures un quart,* puisque son commandant était au Champ-de-la-Grange, sur la hauteur au nord-ouest de Saint-Menges, à 9 heures et demie, avec l'avant-garde dudit V[e] corps[3].

« *Un peu avant 9 heures* arrivait l'ordre du prince royal de Saxe prescrivant à la garde d'obliquer sur Fleigneux, une fois maîtresse des positions de la Givonne ; *en même temps,* de la croupe 1023, sur laquelle se trouvait l'artillerie de corps, *on distinguait parfaitement l'action déjà entamée par la IIIe armée du côté de Saint-Menges*[4]. »

« *A 8 heures un quart,* la tête de colonne de l'avant-garde du XIe corps rencontre les reconnaissances des avant-postes ennemis (français), établis à Saint-Menges, qui se replient sur Floing et Fleigneux[5] ».

« Le prince royal de Prusse ordonna donc, *à 7 heures,* au XIe corps de marcher sur Saint-Menges. Le général de Gersdorff, commandant le corps, reçut cet ordre *à 7 heures et demie* à Briancourt, au sud-est de Vrigne-aux-Bois, et il en ordonna de suite l'exécution. L'avant-garde du XIe corps parut *vers 9 heures* à l'ouest de Saint-Menges, attaqua ce village et s'en empara[6]. »

---

1. *La Guerre franco-allemande,* 1re partie, p. 1138.

2. *Vers 9 heures,* le 87e prussien attaque et prend Saint-Menges (*Ibid.,* p. 1149). — *A 9 heures,* le général de Gersdorff et son état-major sont sur la hauteur au nord de Floing (Le Hattoy). [*Ibid.,* p. 1151.] — « *A 9 heures,* la tête de colonne de la XLIIe brigade d'infanterie débouchait déjà sur Saint-Menges. » (*Ibid.,* p. 1153.) — *Ibid.,* p. 1155. — « *A 8 heures trois quarts,* l'avant-garde du XIe corps vint se heurter contre l'ennemi (à Saint-Menges). » [*Rapport allemand,* cité dans *Le Général de Wimpffen, Réponse au général Ducrot,* p. 44.]

3. *La Guerre franco-allemande,* 1re partie, p. 1157.

4. *Ibid.,* p. 1132.

5. Colonel Borbstædt, p. 672.

6. Rüstow, t. Ier, p. 332.

Passons au côté français.

« Lorsque, *vers 7 heures et demie du matin,* les commandants des XIe et V[e] corps furent rejoints par l'ordre du prince royal, ils se trouvaient : le général de Gersdorff à Briancourt, le général de Kirchbach à Vivier-au-Court [1]. » — « *A 8 heures,* l'avant-garde prussienne fut signalée à Saint-Albert [2]. » — « *Entre 8 et 9 heures,* les Allemands débouchent du défilé de Saint-Albert ; les postes avancés rallient alors le régiment [3]. » — « Le 1er septembre, *à 5 heures du matin,* la bataille commença du côté de Bazeilles, à l'aile droite de l'armée. A l'aile gauche, le canon ne commença à tonner qu'à *8 heures et demie* [4]. » — « *A 9 heures,* la division (dont faisait partie le 12e chasseurs à cheval) change encore de position et va se former à la droite de la division Margueritte, près du Calvaire d'Illy. *A partir de ce moment, les tirailleurs (prussiens) se rapprochent et les batteries ennemies qui garnissent les hauteurs prennent position et ouvrent le feu* [5]. »

« A cette même heure (*9 heures*), l'artillerie des Ve et XIe corps prussiens a fait son apparition vers le bois du Hattoy [6]. » — « *A 7 heures et demie du matin,* le XIe corps contournait la boucle que forme la Meuse à la hauteur de Saint-Menges [7]. » — « *A 8 heures un quart,* les deux armées se heurtent entre Saint-Menges, Floing et Fleigneux [8]. » — « Le XIe corps avait employé la nuit du 31 août au 1er septembre à passer la Meuse à Donchery.

---

1. *Histoire militaire contemporaine,* par le général Canonge, t. II, p. 218.

2. *L'Armée de Châlons, son mouvement vers Metz, 1870,* par A. G*** , ancien élève de l'École polytechnique (colonel Grouard) ; Paris, Baudoin, 1885 ; p. 127. — Le général Douay, « à la pointe du jour du 1er septembre,..... *ne pouvant sans doute plus occuper le défilé* (parce qu'il était au pouvoir de l'ennemi), devait s'établir à son débouché ». (*Ibid.,* p. 126.)

3. *Historique d'un régiment, Le 89e d'infanterie,* par le capitaine P. Simon et le lieutenant Ed. Simon ; Paris, Charles-Lavauzelle ; p. 241.

4. *Historique du 53e d'infanterie,* par le capitaine Duval ; Paris, Garet, 1892 ; p. 77.

5. *Historique du 12e régiment de chasseurs,* par le commandant Raoul Dupuy, major du 12e chasseurs ; Paris, E. Person, 1891 ; p. 344.

6. *Historique du 37e de ligne,* rédigé sous les ordres du colonel Dehon Dahlmann ; Paris, Delagrave, 1895 ; p. 271.

7. *Belfort, Reims, Sedan,* par le prince Georges Bibesco ; Paris, Plon, 1874 ; p. 139.

8. *Précis de la guerre franco-allemande,* par le colonel Fabre ; Paris, Plon, 1875 : p. 144.

A 6 heures du matin, il se trouvait sur la rive droite, la XXIᵉ division à droite, la XXIIᵉ à gauche de la route de Vrigne-aux-Bois. Le prince royal de Prusse, informé *dès 5 heures et demie du matin* de l'engagement de Bazeilles, modifia les instructions précédemment envoyées aux Vᵉ et XIᵉ corps et les fit converger à droite vers la place..... Le XIᵉ corps dut s'avancer jusqu'à Saint-Menges, soutenu, en seconde ligne, par le Vᵉ corps et la IIᵉ division de cavalerie. Quant aux Wurtembergeois, ils appuyèrent sur Vrigne-aux-Bois. *A 7 heures et demie,* le mouvement s'exécute; *un peu après 8 heures,* les têtes de colonnes allemandes atteignent Saint-Menges et engagent le feu contre des détachements français du 7ᵉ corps qui se replient sur Floing. L'ennemi s'établit aux environs de Saint-Menges et place sur les crêtes ses batteries vivement canonnées par l'artillerie du corps Douay [1]. »

« *A 7 heures et demie,* l'avant-garde du Vᵉ corps atteint Vivier-au-Cours; sur sa droite, les têtes de colonnes du XIᵉ corps débouchent, *à peu près à la même heure,* sur Vrigne-aux-Bois, Briancourt et Montimont. A ce moment, le major de Hahnke, de l'état-major général du prince royal de Prusse, apporte à ces deux corps (fait porter à ces deux corps, car il n'a pu, au même instant se trouver à deux endroits différents) l'ordre d'exécuter un mouvement à droite sur Saint-Menges. C'est le XIᵉ corps qui s'engage le premier dans le défilé de la Falizette (de Saint-Albert).

« *A 8 heures et demie,* l'avant-garde du corps sus-énoncé, *forte d'un régiment* (le 87ᵉ), de deux escadrons du 14ᵉ hussards hessois, de trois batteries du régiment d'artillerie hessois n° 11 et de deux escadrons du 13ᵉ régiment de hussards, *fait son entrée à Saint-Menges.* Une patrouille de chasseurs d'Afrique, en recon-

1. Amédée Le Faure, t. I, p. 302. — Voir, aussi, dans ce sens : *Récits de guerre,* par L. Yver ; Paris, Firmin-Didot et Cⁱᵉ, p. 239. — Rapport du général de Galliffet, *Revue historique,* t. XXVII, p. 102. — *Un jour de bataille,* par George Bastard ; Paris, Paul Ollendorff, 1888 ; p. 73. — *Siège de Paris,* par le général Vinoy, p. 50. — *Historique du 72ᵉ de ligne;* Charles-Lavauzelle, 1891 ; p. 90. — *Historique du 52ᵉ d'infanterie,* par le lieutenant Gerthoffer ; Paris, Berger-Levrault et Cⁱᵉ, 1890; p. 203. — *Les Braves gens,* par Paul et Victor Margueritte ; Paris, Plon, p. 85. — Eugène Véron, p. 245 à 251. — *Relation historique et critique de la guerre franco-allemande en 1870-1871,* par Ferdinand Lecomte, colonel fédéral suisse ; Genève, H. Georg, éditeur, 1872 ; t. II, p. 515. — *La Débâcle,* par Émile Zola, p. 238.

- 55 -

naissance dans le village, tire quelques coups de fusil et se retire précipitamment sur Fleigneux-Illy. En outre, un courageux habitant de Saint-Menges, le sieur Moulinet, fait feu à une distance de 300 mètres environ sur la tête d'avant-garde. Mais cet énergique patriote ne pouvait, seul, arrêter une colonne ennemie de cette importance et il regagna à temps sa maison. — Souvenirs de l'auteur (M. Loupot) *témoin de cette scène.* — Telle fut la défense de Saint-Menges! La majeure partie du 87e prit position à l'est du village, le front vers Illy. La 11e compagnie du régiment gagna vivement le Hattoy, ou cote 260, qui avait été reconnue entre temps par une patrouille de hussards hessois. La dite compagnie s'embusqua dans le petit bois (parc Labrosse), d'où elle tirailla avec les troupes du VIIe corps français qui étaient à sa portée. Les 8e et 10e compagnies du même régiment *descendirent sur Floing et s'établirent dans les deux premières habitations du village.....*

« *A 9 heures,* la tête de colonne de la XLIIe brigade (XIe corps) *débouchait sur Saint-Menges,* par le défilé de la Falizette (de Saint-Albert), naturellement (une troupe un peu importante ne pouvait prendre le mauvais chemin du bois). La XLIIe brigade se composait des 88e et 82e régiments d'infanterie. Le 88e dirigeait un bataillon sur Fleigneux, le 2e bataillon sur le Hattoy; le 3e bataillon était encore en marche, de Bosséval, pour rejoindre. Le 82e envoyait six compagnies au Hattoy, le reste du régiment continuait sur Fleigneux[1]. »

A ces témoignages, nous ajoutons celui de l'aumônier du 7e corps, l'abbé Lanusse, fervent du général Ducrot et qui n'a pas quitté le champ de bataille. D'après lui, les Prussiens auraient occupé Saint-Menges et Fleigneux *entre 7 et 8 heures du matin*[2]. Et Y. K. de nous tancer vertement parce que nous citons ce brave abbé[3]. Voyons : s'il nous apportait l'heure de 10 heures comme

---

1. D. Loupot, *Bataille de Sedan.* 2e édition. Sedan, Fischweiler, 1901; p. 4, 5 et 6. — On sait que Y. K. accorde la plus grande autorité aux déclarations de M. Loupot. (Voir *Revue de cavalerie,* numéro de décembre 1902, p. 281.)

2. *L'Heure suprême à Sedan,* par l'abbé Lanusse, aumônier de l'École militaire de Saint-Cyr; Paris, Marpon et Flammarion; p. 111. — *Ibid.,* p. 112.

3. *Revue de cavalerie,* numéro de janvier 1903, p. 410, en note.

celle de l'arrivée de l'ennemi à Saint-Menges, est-ce que notre contradicteur ne sauterait pas sur son témoignage, quoique venant d'un prêtre, comme il bondit sur les affirmations du docteur Sarazin, quoique venant d'un médecin... quand elles ne sont pas en contradiction avec la thèse de l'impeccabilité de Ducrot? Mais la déclaration de l'abbé Lanusse, témoin oculaire et auriculaire, gêne Y. K., alors il n'est pas bon à donner à des épagneuls. En l'espèce, nous l'avons cité par la raison que si cet excellent aumônier militaire s'est trompé d'une heure, que s'il a dit *entre 7 et 8 heures* au lieu de entre *8 et 9 heures,* comme tous les autres témoins, il n'en reste pas moins qu'il n'a pu se tromper de trois heures et écrire qu'il a vu arriver les Prussiens à 7 heures quand ils ne se seraient montrés qu'à 10 heures !

Nous n'avons pas le loisir d'allonger indéfiniment ces citations et finirons par une curieuse remarque : le général Ducrot a reconnu qu'à *8 heures du matin,* le XI⁰ corps tout entier se trouvait à l'entrée occidentale du défilé de Saint-Albert. En effet, qu'on prenne la carte n° 2, annexée à l'ouvrage : *La Journée de Sedan* par le général Ducrot, donnant les « positions occupées par les armées française et allemandes le 1er septembre vers 8 heures du matin [1] », et l'on y verra le XI⁰ corps au milieu du triangle formé par Vrigne-aux-Bois, Bosséval et Saint-Albert, au nord de la route Sedan-Mézières, à moins de 3 kilomètres de Saint-Menges ! Rien à ajouter.

Quant à la cavalerie allemande, nos contradicteurs avouent qu'elle galopait, dès 7 heures et demie (selon nous, beaucoup plus tôt), le long de la lisière ouest du bois de la Falizette. « A cette même heure (7 heures et demie), une partie de la cavalerie des trois corps allemands s'était portée en avant sur Bosséval, Issancourt, Villers-sur-Lumes [2]. »

De tout ce qui précède il résulte : 1° qu'à *7 heures du matin,*

---

1. Voir la légende de cette carte, sous l'échelle kilométrique.

2. *Retraite sur Mézières, Annexe à la Journée de Sedan,* par le général Ducrot, p. 8. — A 7 heures et demie, il y avait déjà de l'infanterie à Bosséval. Donc, les bataillons avaient atteint la route de Vrigne-aux-Bois avant cette heure et avaient suivi la cavalerie envoyée en reconnaissance depuis le point du jour dans la direction de Sugny. En effet, on lit dans l'ouvrage du grand état-major prussien : « La colonne de droite

par leur cavalerie et leur artillerie installée près de Montimont, qu'à *8 heures,* par leur infanterie, les Prussiens commandaient l'extrémité ouest du défilé de Saint-Albert ; 2° qu'à *8 heures,* partie de leur cavalerie, partie de leur artillerie, qu'à *8 heures et demie,* partie de leur infanterie avaient débouché sur Saint-Menges par l'extrémité est du même défilé. Allemands et Français nous en ont apporté la preuve décisive. Toutes les chinoiseries de notre ami n'empêcheront pas que, dès *8 heures,* l'armée de Ducrot ne pouvait sortir du défilé, que, dès *8 heures et demie,* elle ne pouvait plus y entrer [1].

Puis notre contradicteur fait le tableau lamentable de l'infanterie prussienne débouchant du défilé de Saint-Albert et écrasée par les obus de notre artillerie du Hattoy et de Saint-Menges, par les balles de notre infanterie garnissant les mêmes positions [2].

Là-dessus, pas de discussion. Tout le monde accorde que l'occupation de ces points aurait empêché les troupes prussiennes de nous tourner par l'ouest, *justement par la raison que, le bois de la Falizette n'étant pas traversable, la route de Vrigne-aux-Bois étant inévitable,* la mise de Saint-Albert sous le feu de nos canons et de nos chassepots rendait tout déploiement impossible au sortir du défilé. Comme l'a très bien dit le général Canonge : « Si, *dès 8 heures du matin,* et c'était possible, le 7e corps eût été établi sur la forte position de Saint-Menges, il eût formellement interdit aux Allemands l'usage immédiat du défilé [3]. »

---

et celle du centre (du XIe corps) s'ébranlent aussitôt (à 7 heures et demie) dans la direction indiquée (Saint-Menges—Fleigneux), à l'exception du bataillon de fusiliers, du 88e, *lequel avait déjà remonté jusqu'à Bosséval.* » (*La Guerre franco-allemande,* 1re partie, p. 1148.) — « Le bataillon de fusiliers (3e) du 88e se trouvait déjà engagé dans la direction de Bosséval quand (à 7 heures et demie, voir Loupot, page 4) l'ordre d'obliquer sur Saint-Menges fut donné aux diverses colonnes du XIe corps. » (Loupot, p. 6, en note.)

1. Prince de Hohenlohe, *Lettres sur la stratégie,* traduites par A. Veling, professeur adjoint à l'École d'application de l'artillerie et du génie ; Paris, Louis Westhausser, 1888 ; t. II, p. 307. — « La possession du défilé de Saint-Albert était aussi nécessaire à l'arrivée de l'ennemi (devant Saint-Menges) qu'à notre départ. » (Colonel Grouard, p. 106.) Nouvel aveu de la non-viabilité du bois de la Falizette.

2. *Revue de cavalerie,* numéro de janvier 1903, p. 422.

3. *Histoire militaire contemporaine,* par le général Canonge, t. II, p. 213.

Malheureusement pour la bonté de la thèse d'Y. K., nous n'étions ni au Hattoy, ni à Saint-Menges, ni à Fleigneux, aux coups de 8 heures, de 8 heures et demie, de 9 heures même, si l'on veut, quand les Prussiens se sont présentés à l'est du défilé.

Oui, à 9 heures, à l'instant où le général de Wimpffen a revendiqué le commandement, l'armée française n'occupait aucun de ces points : nous en avons déjà fait la démonstration ; au surplus, personne ne le conteste, pas même notre imaginatif et cher contradicteur.

Quand, donc, en admettant que M. Ducrot eût conservé la direction des troupes, auraient-elles pu s'installer sur les collines de Saint-Menges ? Prenons l'opinion de ce général.

D'après lui, ce serait à 11 heures du matin qu'il eût, probablement, été maître de Fleigneux, Saint-Menges et Illy. « N'est-il pas *à peu près certain* que, vers *11 heures,* la majeure partie de l'armée se serait trouvée *concentrée,* en bon ordre, sur les hauteurs qui s'étendent entre Saint-Menges, le calvaire d'Illy et Fleigneux[1]. »

Plus tard, dans des *Notes,* recueillies par le colonel Gillon, M. Ducrot a dit que le 7e corps eût été au défilé de Saint-Albert à 9 heures[2] ; le 5e à la lisière du bois de la Falizette entre 10h 10m et 10 heures et demie ; les autres corps bien après[3].

Et, immédiatement, le colonel Gillon ajoute, à propos de la phrase ci-dessus transcrite, montrant l'armée française *concentrée* autour d'Illy : « Le général Ducrot est donc dans le vrai absolu[4] » quand il a parlé de cette concentration à 11 heures.

Seulement nous ne comprenons plus des affirmations aussi

---

1. *La Journée de Sedan,* par le général Ducrot, p. 42. — « Si le mouvement de *concentration* en arrière n'eût pas été arrêté, l'armée se fût trouvée *massée* vers *11 heures,* entre Saint-Menges et Fleigneux, avec une avant-garde au Champ-de-la-Grange et des arrière-gardes vers Floing et Illy. » (*Le Correspondant,* numéro du 25 août 1900, p. 625.)

2. Nous savons qu'à cette heure le général de Wimpffen se disposait seulement à prendre le commandement, que le plan Ducrot n'avait pas été entravé et que, pourtant, le 7e corps n'était même pas à Floing. Voir *supra,* p. 18.

3. *Retraite sur Mézières, Annexe à la Journée de Sedan,* par le général Ducrot, p. 43.

4. *Ibid.*

contradictoires que celles-là. Réfléchissons un peu : il nous semblait que *concentrer* une armée sur un point c'était l'y réunir. Pour
M. Ducrot et ses avocats, pas du tout : concentrer ses troupes à
un endroit c'est les en éloigner ! En effet, ses bataillons ne pouvaient être concentrés, à 11 heures, près d'Illy, si le 7ᵉ corps se
trouvait, à 9 heures, au défilé de Saint-Albert et le 5ᵉ, à 10 heures
et demie, à la lisière du bois de la Falizette[1]. Et puis, comment
se concentrer et attaquer, surtout en l'espèce ? C'est vraiment se
moquer du monde que d'exposer sérieusement de pareilles bali-
vernes tactiques.

Enfin, acceptons que le 7ᵉ corps, après *s'être concentré* autour
d'Illy avec l'armée, eût pu entamer l'attaque de Saint-Menges
vers 10 heures : comme les renforts prussiens n'auraient cessé
d'arriver par le défilé de Saint-Albert demeuré libre, comme l'armée du prince de Saxe aurait pressé, par l'est et le nord-est,
l'armée *concentrée,* tandis que les Bavarois l'auraient talonnée
vers le sud, nos efforts étaient condamnés à l'avortement.

Et, de fait, ne l'oublions pas, vers 7 heures et demie du matin[2],
avant de recevoir le commandement en chef, le général Ducrot,
« des hauteurs de Givonne, avait aperçu, à travers la brume, *de
grosses masses noires passant à près de 2 kilomètres,* et allant,
par rapport à lui, de droite à gauche[3] », de Francheval à Villers-
Cernay et La Chapelle. « Dans le même moment, un paysan était
venu lui remettre un billet du maire de Villers-Cernay lui annon-
çant que, *depuis le matin, de nombreuses troupes prussiennes
passaient à Villers-Cernay et à Francheval*[4]. »

C'était donc l'armée de la Meuse qui, suivant l'aveu de Ducrot,
s'avançait en grandes masses sur La Chapelle, dès 7 heures et demie
du matin. Les Allemands auraient donc été, et ont été en mesure
d'attaquer les Français par les abords ouest du bois de Villers-
Cernay, au-dessus de Givonne où ils se trouvaient avant 9 heures[5],

1. *Retraite sur Mézières, Annexe à la Journée de Sedan,* par le général Ducrot, p. 27.
2. *Ibid.,* p. 27.
3. *La Journée de Sedan,* par le général Ducrot, p. 21.
4. *Ibid. — Le Correspondant,* numéro du 25 août 1900, p. 614.
5. *La Guerre franco-allemande,* Iʳᵉ partie, p. 1132. — Voir aussi, *ibid.,* p. 1130. —
Enq. parlem. déf. nationale, déposition du maréchal de Mac-Mahon, p. 39.

par la croupe très élevée, située au nord du même bois, au-dessus du croisement des chemins de Givonne et de Villers-Cernay, à La Chapelle, où l'ennemi était également avant 9 heures[1]. Bientôt, les troupes allemandes prenaient la route de Villers-Cernay à La Chapelle, et « aux premières heures de la journée[2] », engageaient la lutte avec nos tirailleurs, embusqués dans ce dernier village et qui, sans tarder, se replièrent sur Illy. De La Chapelle, un peu plus tard, elles suivraient, justement, la route légendaire du Lazaret, traversant de l'est à l'ouest le bois du Petit-Terme, et déboucheraient à Olly où elles se réuniraient aux troupes de la IIIᵉ armée[3]. Quant aux Bavarois, on n'ignore pas que, à partir de 4 heures et demie du matin, ils pressaient l'armée française au sud et que le contact avec eux ne fut pas perdu un seul instant durant la bataille[4].

Ici, nous faisons de nouveau remarquer combien notre contradicteur en prend à son aise avec la réalité. Qu'on examine toutes ses hypothèses et l'on constatera qu'il fait manœuvrer nos soldats autour et dans l'intérieur du bois de la Falizette comme si c'était un champ de Mars ou un camp de Châlons ; or, chacun sait à quoi s'en tenir touchant la viabilité de la forêt des Ardennes.

Enfin, en admettant les données d'Y. K. en heures, en admettant que l'armée française ait pu refouler les têtes de colonnes des XIᵉ et Vᵉ corps et s'engager dans le défilé de Saint-Albert, et après ? Nous ne nous lasserons pas de le répéter ; à la sortie de ce défilé, ce n'eût plus été des avant-gardes que nos régiments eussent eu à repousser, mais les corps en entier, soutenus par les Wurtembergeois et deux divisions de cavalerie. Alors, la croupe de Montimont, hérissée de canons, aurait pulvérisé l'extrémité ouest du défilé comme le mamelon du Hattoy en aurait broyé l'extrémité est, quand les Prussiens en seraient sortis, au cas où

---

1. *La guerre franco-allemande*, Iʳᵉ partie, p. 1132.
2. *Ibid.*, p. 1135.
3. *Ibid.*, p. 1136.
4. *La Journée de Sedan*, par le général Ducrot, p. 19. — *Le Correspondant*, numéro du 25 août 1900, p. 613. — *Histoire militaire contemporaine*, par le général Canonge, t. II, p. 209. — Colonel Grouard, p. 119. — Colonel Rousset, t. II, p. 298.

les généraux français n'auraient pas commis la sottise de l'évacuer avant l'arrivée de l'ennemi. La retraite de l'armée de Ducrot était arrêtée, net. Y. K. le confesse lui-même, involontairement, il est vrai, mais très clairement, quand il dit : Les gens compétents « connaissent la *presque impossibilité* de faire déboucher une troupe, *même solide* — et ce n'était pas le cas des nôtres à Sedan — *de la lisière d'un bois, d'un défilé ou d'un village,* battus par les feux d'un adversaire en position. Le feu des défenseurs se concentre sur les premiers assaillants qui se montrent ; ceux-ci sont littéralement grêlés de projectiles, font demi-tour et regagnent l'abri. C'est un fait d'expérience [1]. » Donc, autour d'Illy, Ducrot n'en était pas moins cerné : à l'ouest par la Meuse et les XIe et V[e] corps, au sud, par les Bavarois, à l'est, par le IVe corps, le XIIe et la Garde royale, au nord, par la forêt des Ardennes, infranchissable, et par les détachements du prince de Saxe, retranchés le long des routes qui mènent de Sedan en Belgique [2].

Dans ces conditions, comment l'armée française, concentrée aux alentours d'Illy, à 11 heures du matin, aurait-elle pu gagner le défilé de Saint-Albert quand elle aurait été, en même temps,

---

1. *Revue de cavalerie,* numéro de janvier 1903, p. 438.

2. « Les Ve et XIe corps prussiens étaient dirigés sur Donchery, avec la division wurtembergeoise, pour y franchir la Meuse et marcher, de là, vers Saint-Menges, *interceptant ainsi la route de Mézières,* que nous avions déjà laissé couper en aval par la cavalerie ennemie. » (Général Derrécagaix, p. 291.) — « J'envoyai l'ordre de faire sauter le pont de Donchery par lequel une partie de ces troupes (IIIe armée) *pouvait couper notre ligne de communication avec Mézières.* » (*Enq. parlem. déf. nationale,* déposition du maréchal de Mac-Mahon, p. 37.) Comme le pont n'a pas été détruit, la ligne de communication a donc été coupée. — « Pour que cette retraite, telle que l'avait combinée Ducrot, fût possible, il était de toute nécessité que la route (Sedan-Mézières) fût libre ou que, seules, des forces allemandes peu nombreuses se trouvassent là ; or, il semble bien que le général Ducrot ignorait qu'il n'en était pas ainsi. » (Paul Gaulot, *La Liberté,* numéro du 15 juin 1902.) — « Battre en retraite sur Mézières à cette heure ! (moment où Ducrot envoie ses ordres) mais c'est insensé, jamais on ne passera. » (*La Débâcle,* par Émile Zola, p. 222.) — « Se fondant sur un examen approfondi des dispositions des troupes, des lieux et chemins, sur les concordances des heures avec les mouvements tactiques, M. Alfred Duquet, dans *La Retraite à Sedan,* établit de manière irréfutable que la retraite stratégique sur Mézières, préconisée par Ducrot, était, quand il prit le commandement de l'armée, de toute impossibilité. » (Paul et Victor Margueritte, *Le Temps,* numéro du 13 juin 1902.) — « M. Alfred Duquet établit formellement que la retraite sur Mézières était impossible dès le 1er septembre au matin. » (Colonel de Contencin, *Le Soleil,* numéro du 19 juin 1902.) Le colonel de Contencin se trouvait à Sedan.

obligée de repousser l'ennemi par devant, de flancs, par derrière ? Et notre contradicteur admet qu'il eût fallu attaquer, se défendre : « Disons notre étonnement de voir certains auteurs envisager la question comme si le général Ducrot avait prétendu s'en aller, tout tranquillement, par la route Vrigne-Mézières, *sans combattre* [1]. »

Alors combien de temps aurait duré la bataille et l'écoulement de l'armée française par le défilé de Saint-Albert ? Le prince de Hohenlohe assure que, sans être inquiétée, elle aurait mis deux jours et une nuit [2]. Nous pensons, nous, qu'elle aurait employé trois jours, si nous nous en rapportons à sa marche du 31 août, pourtant exécutée dans de meilleures conditions et sur plusieurs routes. Mais, en l'état avoué par notre adversaire, au cas d'une retraite en combattant, elle n'aurait pas avancé d'une semelle en une journée et aurait été écrasée sur place. Nous affirmons qu'une telle tâche dépassait de beaucoup les moyens matériels et moraux de l'armée de Châlons, après Beaumont et Mouzon [3].

Le mouvement du général Ducrot « était facile à exécuter et indiqué par la situation des choses, le 31 août dans la journée ; difficile mais non impossible le 31 au soir ; impossible et désastreux le 1er septembre, dès 4 heures du matin [4] ».

Terminons la discussion de la quatrième proposition d'Y. K. par les judicieuses réflexions du colonel Ferdinand Lecomte : « Quand Ducrot voulut faire commencer son mouvement de retraite, à 7 heures et demie [5], c'était trop tard. Il eût abouti à une

1. *Revue de cavalerie,* numéro de janvier 1903, p. 425.

2. Prince de Hohenlohe, *Lettres sur la stratégie,* t. II, p. 303 et 304.

3. Alfred Duquet, *Frœschwiller, Châlons, Sedan,* p. 393 à 396.

4. *Le général de Wimpffen, Réponse au général Ducrot,* p. 47. — « Certes, oui, la veille il n'y avait pas d'autre plan à suivre : la retraite, la retraite immédiate par le défilé de Saint-Albert. Mais, à présent (8 heures du matin), la route devait être barrée, tout le fourmillement noir des Prussiens s'en était allé là-bas, dans la plaine de Donchery. » (*La Débâcle,* par Émile Zola, p. 222.) — « Le général de Wimpffen sachant la route de Mézières coupée..... » (Léon Barracand, *L'Invasion;* Paris, Alphonse Lemerre; p. 86.)

5. Le colonel Ferdinand Lecomte donne, ici, l'heure de la prise de commandement et non celle de l'envoi des ordres de retraite; il a été prouvé plus haut que cette retraite n'a été prescrite qu'entre 8 heures et 8 heures et demie du matin.

débandade générale ou à un refoulement sur la Belgique, car, à 7 heures et demie, déjà, *la route de Mézières lui était barrée* par les XIᵉ et Vᵉ corps, suivis des Wurtembergeois et de deux divisions de cavalerie. C'était plus qu'il n'en fallait pour le retenir jusqu'à ce que la Garde et les Saxons l'atteignissent [1]. »

V

« L'inanité de la résistance sur place, qui ne pouvait aboutir qu'à l'investissement et à l'écrasement de l'armée, par conséquent à la capitulation [2]. »

Cette proposition, et les deux autres qui seront ensuite étudiées, ne se rapporte plus à la grande question discutée, celle dont nous avions réellement à nous occuper, celle qui fait le sujet de tant de polémiques depuis trente-deux ans passés, celle que nous venons de liquider définitivement, la question de savoir si, le 1ᵉʳ septembre, de 8 heures à 9 heures du matin, l'armée française pouvait quitter les environs de Sedan et battre en retraite vers Mézières ou Rocroi.

Ici, dans cette cinquième proposition, il ne s'agit plus que d'une question accessoire, n'ayant aucune influence sur la solution de la principale, et la divergence d'opinion, entre Y. K. et nous, ne sera plus aussi grande que dans les autres propositions, où nous nous trouvions aux pôles opposés. Nous estimons que cette solution eût été de beaucoup supérieure à la folle tentative de Ducrot, mais nous n'avons guère d'enthousiasme pour le combat sur place

---

1. Colonel Ferdinand Lecomte, t. II, p. 515 et 516. — Voir *La Retraite à Sedan*, étude dans laquelle nous avons accumulé les preuves de l'impossibilité de réaliser le plan Ducrot. — Dans le même sens : Amédée Le Faure, t. I, p. 299, en note. — Colonel Rousset, t. II, p. 279 et 293. — Prince de Hohenlohe, *Lettres sur la stratégie*, t. II, p. 303 et 320. — Rüstow, t. I, p. 326 et 327. — Général Lebrun, p. 105 à 109. — *Le général de Wimpffen, réponse au général Ducrot*, p. 44. — *Des causes qui ont amené la capitulation de Sedan*, par un officier attaché à l'État-major général (l'empereur Napoléon III), Bruxelles, Rozez, p. 21. — *De Frœschwiller à Sedan, Journal d'un officier du 1ᵉʳ corps*; Tours, Hachette, novembre 1870; p. 125. — *La Débâcle*, par Émile Zola, p. 210, 212, 222 et 246. — Plus, tous les auteurs cités par nous dans *La Retraite à Sedan*.

2. *Revue de cavalerie*, numéro de décembre 1902, p. 284.

et nous ne nous expliquons point pourquoi notre ami Y. K. le présente comme un de nos rêves. Il n'est pas juste de prêter aux gens des préférences qu'ils n'ont jamais eues. Qu'on veuille bien se reporter aux quelques lignes consacrées par nous à cette hypothèse de la défense sur place et l'on s'apercevra que nous ne la mentionnons qu'à titre de pis aller [1].

Cependant, en dépit des objections d'Y. K., nous persistons à ne pas la croire, en l'espèce, dénuée de toute idée tactique raisonnable, dès que les grands chefs ne voulaient pas essayer de vaincre par Carignan, de se sauver par Torcy.

D'abord, avant le mouvement de recul de Ducrot, elle avait le grand avantage de ne pas fatiguer les troupes par des marches et contre-marches inutiles et de conserver aux Français les positions au-dessus de Daigny et de Givonne, sur la rive droite de la petite rivière [2].

A ce propos, Y. K., presque d'accord, par extraordinaire, avec le *Grand État-major prussien*, déclare que le général Ducrot avait laissé la division Wolff sur les hauteurs de Givonne et la division de Lartigue à Daigny, que, par conséquent, les positions dominantes n'avaient pas été abandonnées à la suite du mouvement de recul ordonné par Ducrot, mouvement qui avait eu un commencement d'exécution [3].

De son côté, les officiers de M. de Moltke ont écrit : « Les Français sont dans l'erreur quand ils prétendent que la perte de

---

1. *La Retraite à Sedan,* p. 85.

2. « Le funeste abandon des belles positions occupées aussitôt par l'ennemi, au-dessus de Givonne, positions que n'a pu reprendre, malgré son intrépidité, le général Ducrot, a eu, sur la défense, une influence fatale et facile à comprendre. » (*Le général de Wimpffen, réponse au général Ducrot,* p. 47.) — « Les Saxons, arrivés sur la droite des Bavarois, avaient profité du mouvement de retraite du général Lebrun pour s'emparer de la Petite-Moncelle, de Daigny et des positions en avant. » (*Enq. parlem. déf. nationale,* déposition du maréchal de Mac-Mahon, p. 39.) — « Il était pénible, pour le commandant du 12e corps, d'abandonner de bonnes positions. » (*La Journée de Sedan,* par le général Ducrot, p. 24.) — « Le pis était que, le 1er corps ayant reculé trop tôt, livrant le vallon de la Givonne aux Allemands, le 12e corps, attaqué déjà vivement de front, venait d'être débordé sur son flanc gauche. » (*La Débâcle,* par Émile Zola, p. 277.) — « Il faut, en attendant, revenir d'où l'on est parti. » (Paul et Victor Margueritte, *Histoire de la guerre de 1870-1871,* p. 65.)

3. *Revue de cavalerie,* numéro de janvier 1903, p. 429.

Bazeilles, de Daigny et de Givonne serait due au mouvement de retraite prescrit par le général Ducrot. A ce moment, les Français n'avaient pas encore évacué Bazeilles ; la division Lartique continuait à se maintenir à Daigny, qui ne lui était enlevé qu'à 10 heures, alors que, depuis longtemps déjà, le général de Wimpffen avait pris le commandement en chef. Quant à Givonne, aucun engagement ne s'y était encore produit à 9 heures du matin [1]. »

Nous répondons au *Grand État-major prussien* que, si aucun engagement n'avait encore eu lieu à Givonne à 9 heures, une grande partie de nos troupes, à cette heure et jusqu'à 10 heures — moment où la retraite de Ducrot fut arrêtée par les ordres du général de Wimpffen enfin parvenus aux divisionnaires et brigadiers — une grande partie de nos troupes avaient cependant évacué le village et les hauteurs le surplombant. De même pour Daigny, où le général de Lartigue était resté, seul. De même, aussi, pour Bazeilles, où le combat avait été rompu afin d'exécuter les prescriptions de Ducrot, ce qui entraîna la perte d'une partie de cette localité légendaire. En effet, comment le mouvement, que Lebrun redoutait tant, aurait-il pu commencer, à 8 heures ou 8 heures et demie, sans que l'infanterie de marine abandonnât la majeure partie des positions jusque-là si vaillamment défendues par elle ?

En ce qui concerne le général de Wimpffen, nous ferons observer aux rédacteurs de l'ouvrage officiel prussien que si ce général a pris le commandement à 9 heures, ses ordres pour la réoccupation des points abandonnés et la défense énergique des points conservés par nous n'ont pu, faute d'officiers d'état-major — puisque ceux de Mac-Mahon et de Ducrot n'avaient pas jugé bon de se mettre à sa disposition — être connus des chefs de corps avant une heure. En conséquence, il est bien probable que, quand il a quitté Daigny, à 10 heures, le général de Lartigue ignorait encore l'abandon du projet de retraite par Mézières, de même que les généraux, qui auraient dû soutenir leur collègue, ne connaissaient pas le changement de tactique. Ces circonstances n'ont pas man-

---

1. *La Guerre franco-allemande*, 1re partie, p. 1107, note *.

qué de déterminer le général de Lartigue à défendre moins opi-
niâtrément ses positions et l'ont privé du soutien qui aurait facilité sa rude besogne.

Aussi bien, Y. K. ne conteste pas que les ordres de Ducrot nous
ont fait perdre d'excellents points de résistance, attendu qu'il ne
nie pas l'évacuation de partie de Bazeilles, attendu qu'il avoue
que le général Ducrot « a fait évacuer les hauteurs de Givonne
dans la plénitude de ses droits de commandant en chef, *en vue
d'une retraite qu'il n'était que temps d'entamer* [1] ».

Et puis, pense-t-on que ces marches et contre-marches de nos
soldats ont facilité la résistance à opposer aux masses ennemies ?
Non, ceux qui reprochent au général de Wimpffen d'avoir changé,
en pleine bataille, le plan du commandant en chef, son prédé-
cesseur, devraient porter la même accusation contre M. Ducrot
qui n'a pas fait autre chose, à 8 heures du matin, sans même
s'enquérir de la position des armées allemandes qui nous enser-
raient !

Nous ne croyons donc pas trop nous avancer en disant que si
le 7e corps avait conservé le Hattoy, qui défendait aux troupes
de la IIIe armée de sortir du défilé de Saint-Albert, les Français
eussent eu des chances de disputer longtemps aux assaillants les
hauteurs environnant Sedan, occupées par nos troupes, le matin,
au petit jour [2].

Y. K. nous fait observer que nous n'avions pas la supériorité en
artillerie. C'est vrai, mais, en la circonstance, l'armée française
n'avait plus à redouter le canon du Prince royal de Prusse puisque
cette artillerie ne pouvait s'établir à Saint-Menges, à Fleigneux,
au Hattoy. En outre, cachés, comme nous l'étions, dans le bois
de la Garenne, dans les taillis poussant à l'ouest de Daigny, pro-
tégés, au Calvaire d'Illy et sur les coteaux découverts, par des
épaulements improvisés semblables à ceux que le général Ducrot
« s'occupait à faire construire au-dessus de Givonne [3] » quand
il reçut la nouvelle de la blessure du duc de Magenta, et dont le

1. *Revue de cavalerie,* numéro de janvier 1903, p. 429.
2. *La Retraite à Sedan,* p. 85.
3. *La Journée de Sedan,* par le général Ducrot, p. 20.

mouvement de retraite arrêta la construction, il nous semble que les Allemands auraient eu d'autant plus difficilement raison de notre armée que leurs débouchés étaient alors réduits à la trouée d'Olly, commandée par le Calvaire d'Illy, et aux routes de la Moncelle et de Bazeilles, commandées par le mamelon dominant Daigny à l'ouest, et, si l'on veut accepter l'opinion de nos adversaires [1], par les feux de la place de Sedan, par la mousqueterie de Balan.

D'autant que les munitions de l'ennemi n'étaient pas inépuisables et qu'il en aurait fait une consommation considérable en tirant au hasard contre des bois ; les caissons allemands se seraient rapidement vidés et nous le prouvons sans désemparer :

« Au moment (aux environs de 9 heures) où la tête de la XLVIe brigade s'acheminait vers la face orientale de Bazeilles, *les munitions commençaient déjà à manquer aux troupes allemandes engagées plus au nord,* dans la vallée de la Givonne [2]. »

« A ce moment (vers 9 heures et demie) le lieutenant-colonel Schultheiss atteignait la lisière sud-ouest du village (Bazeilles) avec le 7e bataillon de chasseurs ; il lance aussitôt deux compagnies vers la place du Marché pour y relever le bataillon du régiment du Corps, *dont les munitions commençaient à s'épuiser* [3]. »

La place nous manque et nous ne continuons pas les citations ; aussi bien, il va de soi que le ravitaillement en munitions est une grosse difficulté pour une armée de 200 000 hommes qui arrive, à marches forcées, devant l'armée adverse.

Y. K. nous objectera peut-être que la même pénurie de cartouches, de gargousses se serait fait sentir parmi nos soldats, parmi nos artilleurs. Nous lui répondrons qu'elle eût été moins grande si nos troupes avaient combattu sur place que si elles avaient battu en retraite, car, en cette dernière aventure, que de

1. *Retraite sur Mézières,* Annexe à *La Journée de Sedan,* par le général Ducrot, p. 44. — *Le Correspondant,* numéro du 25 août 1900, p. 625. — *Revue de cavalerie,* numéro de janvier 1903, p. 423 et 424.

2. *La Guerre franco-allemande,* 1re partie, p. 1109.

3. *Ibid.,* p. 1111.

munitions n'auraient pas été emportées par nos hommes, que de voitures de ravitaillement n'auraient pu les suivre !

Puis, notre contradicteur déclare que la possession du Hattoy, par notre artillerie, n'aurait pas eu une influence appréciable sur la marche des événements, « car si les Prussiens avaient éprouvé des difficultés considérables pour déboucher du défilé de Saint-Albert, ils auraient été conduits, *par la force des choses*, à le déborder par le bois de la Falizette et Bellevue ; de là, ils se seraient portés sur Saint-Menges [1]. »

Là, nous n'avons qu'à renvoyer Y. K. à la notice du général Kessler qui démontre la non-existence, dans la forêt au nord de Sedan, de chemins tracés de l'ouest à l'est, sauf les routes du Lazaret et du Morthéan, qui sont au nord-est du champ de bataille, partant inutilisables [2]. Le mauvais chemin allant de la route de Bosséval à Saint-Menges ne pouvait permettre une arrivée facile et rapide pour les régiments des deux corps prussiens. Enfin, en ce cas, notre ami a-t-il oublié ce qu'il pense de « la presque impossibilité de faire déboucher une troupe, *même solide*,... de la lisière d'un bois... battue par les feux d'un adversaire en position [3] » ? Or, quelle plus admirable position que celle du Hattoy ?

Ensuite Y. K. soutient qu'en évacuant les hauteurs de Givonne le général Ducrot a agi « dans la plénitude de ses droits de commandant en chef [4] ». Personne n'a jamais contesté, à un général en chef, le droit de tout faire, même une bêtise ; seulement, s'il a le droit de la commettre, on a celui de la lui reprocher et de signaler, aux gens qui étudient les grandes luttes des peuples, les fautes lourdes des conducteurs d'armée dont la capacité militaire n'a pas été à la hauteur de leur présomption.

« Mais Le Hattoy n'était pas imprenable, comme vous l'affirmez, mais nos troupes ont été délogées du Calvaire d'Illy par le seul

---

1. *Revue de cavalerie*, numéro de janvier 1903, p. 428.
2. Voir, *suprà*, la discussion de la première proposition. — La possession du défilé de la Falizette (Saint-Albert) était nécessaire à l'arrivée de l'ennemi. (Colonel Grouard, p. 106.)
3. *Revue de cavalerie*, numéro de janvier 1903, p. 438
4. *Ibid.*, p. 429.

feu de l'artillerie allemande », nous assure Y. K. [1]. Nous n'avons
point dit que Le Hattoy était *imprenable,* nous avons avancé,
simplement, qu'il était *quasi imprenable* [2], comme le Calvaire
d'Illy, suivant, en cela, l'opinion même de M. Ducrot : Le terrain, « entre Illy, Floing (le mamelon du Hattoy, au-dessus de
Floing, ce village se trouvant dans un fond), Saint-Menges et
Fleigneux, *admirable position dont nous aurions été difficilement
délogés* [3] ».

Oui, que notre contradicteur veuille bien le croire, la résistance,
du Hattoy à Illy, d'Illy à l'ouest de Daigny, de ce dernier point à
Sedan, n'était pas une absurdité tactique, nous en prenons à témoin un fervent de M. Ducrot, un oracle d'Y. K., le colonel
Grouard. Voici ce qu'il en pense :

« Si l'on avait mis en mouvement, vers 2 heures du matin
seulement, une division du 7e corps, pour lui faire occuper le
défilé de la Falizette (Saint-Albert), on y aurait certainement
prévenu les troupes du XIe corps prussien. Alors *on n'avait plus
sans doute le moyen de déboucher soi-même en forces mais on avait
toujours celui d'arrêter le mouvement de l'ennemi, car la possession de ce défilé était aussi nécessaire à son arrivée qu'à notre départ.* C'était la véritable clef du champ de bataille, et, par ce seul
fait qu'elle était entre nos mains, les conditions de la lutte pouvaient être notablement transformées ; *le 7e corps, seul, suffisait
largement à tenir le défilé pendant toute la journée du 1er,* et,
alors, les trois autres pouvaient être employés du côté opposé ;
toujours à la condition de ne pas s'acharner à Bazeilles, on avait
des chances, avec ces trois corps, de garder jusqu'au soir les positions que l'armée occupait depuis Sedan jusqu'aux bois qui avoi-
sinent la frontière belge. Ensuite, c'était le cas de chercher à s'é-
chapper comme on aurait pu à travers les bois de la frontière.
(Par conséquent en Belgique puisque les seuls chemins existant

1. *Revue de cavalerie,* numéro de janvier 1903, p. 428.
2. *La Retraite à Sedan,* p. 85.
3. *La Journée de Sedan,* par le général Ducrot, p. 16. — « C'était une chose grave
que la prise par l'ennemi de cette position du Hattoy, dont le général Douay avait dû
abandonner la défense. *Elle commandait les plateaux environnants.* » (*La Débâcle,*
par Émile Zola, p. 244.) — *Ibid.,* p. 243.

vont du sud au nord.) Par ces dispositions, qui étaient notre dernière ressource pendant la nuit du 31 au 1er, on profitait au moins
de tous les avantages du terrain en tenant, par les deux ailes de
l'armée, le défilé de la Falizette, d'une part, et le bois au nord de
Givonne, du côté opposé ; l'armée se trouvait ainsi déployée sur
un demi-cercle convexe vers le sud dont la place de Sedan occupait à peu près le milieu. Du défilé jusqu'à Sedan, le front était
couvert par la Meuse, ce qui permettait de défendre toute cette
partie du champ de bataille avec peu de monde ; du côté opposé,
en renforçant la gauche par l'évacuation de Bazeilles, on avait
encore l'avantage de tirer quelque appui de la place elle-même,
qui aurait flanqué tout le front de la ligne de bataille. De plus,
tout le centre du demi-cercle était un terrain libre permettant des
manœuvres et des mouvements de troupes. Ces conditions per-
mettaient de présenter, sur toute cette partie du champ de bataille,
une résistance prolongée, à Givonne, au bois de la Garenne et au
Calvaire d'Illy [1]. »

Et, quelques pages plus loin : Malgré la supériorité de l'ennemi, « nous croyons que les corps français, *établis sur de fortes
positions, auraient pu tenir bon très longtemps, peut-être jusqu'au soir,* s'ils n'avaient eu d'autre souci que de résister aux
adversaires qu'ils avaient devant eux. Mais il fallait, pour cela,
arrêter les corps allemands venant de Donchery. Ce devait être
la tâche du 7e corps. Or, le général Douay savait mieux que personne *qu'il y avait des Allemands sur la route de Mézières depuis
la veille ;* il en avait lui-même prévenu le maréchal de Mac-
Mahon. Ses troupes étaient établies de Floing à Illy, son premier soin devait être, à la pointe du jour du 1er septembre, de
pivoter sur sa gauche en portant sa droite sur Saint-Menges et,
ne pouvant sans doute plus occuper le défilé, il devait s'établir à
son débouché avec deux divisions, soixante pièces de canon et
deux batteries de mitrailleuses. N'ayant pas pris ce parti à la
pointe du jour, le général Douay devait au moins se porter en
avant lorsque, à 8 heures, l'avant-garde prussienne fut signalée
à Saint-Albert. *Il était encore temps de s'établir à Saint-Menges*

1. Colonel Grouard, p. 106 et 107.

*et sur la hauteur qui se trouve au sud-est de ce village, vis-à-vis
le défilé et à deux kilomètres de son débouché,* là même où les
premières batteries du XI⁰ corps prussien vinrent prendre position [1]. »

Est-ce assez clair ?

Enfin, Y. K. déclare que ce « n'eût pas été une heureuse inspiration que de demander à l'armée française ce qu'elle pouvait le
moins donner et de la soumettre à l'épreuve qu'elle pouvait le
moins supporter, celle de rester immobile, inerte, sur ses positions, écrasée sous une pluie d'obus, sans pouvoir même riposter
le plus souvent. Pour lui rendre l'élan et l'énergie, il fallait d'abord la sortir de ce cercle de fer et, par une manœuvre hardie,
lui procurer un succès dans la seule direction où elle pouvait le
rencontrer, celle de Mézières [2]. »

Hélas ! ce sont des mots, en l'occasion, il n'y avait pas possibilité, selon l'expression populaire, de peigner un diable qui n'avait pas de cheveux, de faire marcher des soldats se tenant à
peine debout et la véritable objection à la sortie par Torcy, dont
nous nous occuperons bientôt, c'est l'état de lassitude et de démoralisation de l'armée française [3]. Seule, une victoire complète sur
les Bavarois, devant Bazeilles, pouvait l'électriser.

VI

« L'inanité de toute tentative vers l'est ou vers le sud [4]. »

Nous ne nous sommes pas expliqué, sur cette hypothèse, dans
notre travail *La Retraite à Sedan.* Puisque notre adversaire la
soulève, donnons notre avis.

Nous pensons qu'il était possible, *avant la reculade ordonnée par Ducrot,* de culbuter les Bavarois et de gagner la bataille de Sedan. On ne dira point que nous ne posons pas net-

1. Colonel Grouard, p. 126 et 127.
2. *Revue de cavalerie*, numéro de janvier 1903, p. 431.
3. Voir *La Retraite à Sedan*, p. 49, note 1.
4. *Revue de cavalerie*, numéro de décembre 1902, p. 284.

tement le problème et que nous le résolvons d'une manière ambiguë.

Oui, à 8 heures du matin, au moment où le général Ducrot a lancé ses ordres de retraite, s'il avait, au contraire, fait tout de suite garnir Le Hattoy d'artillerie, Saint-Menges, Fleigneux et Illy par le 7ᵉ corps, nous ne voyons pas comment les Prussiens auraient débouché de Saint-Albert, du chemin d'Olly[1], difficulté augmentée encore par l'effet meurtrier, en pareil cas, des chassepots et des mitrailleuses dont les Français étaient armés[2]. Alors, tranquille du côté du nord, couvert, à l'ouest, par la place de Sedan et la Meuse, garanti, à l'est, par la petite rivière et les escarpements de la Givonne, pouvant jeter, à son gré, tout ou partie de ses soixante escadrons de cavalerie vers le nord-ouest ou le nord-est, afin d'appuyer le 7ᵉ corps s'opposant à toute arrivée de l'ennemi de ces deux côtés, Ducrot avait la liberté d'achever la défaite des Bavarois, si malmenés par le 12ᵉ corps.

Adopter cette conduite de la bataille, c'était le désir de tous les généraux et de tous les officiers d'état-major présents, sauf celui du général Ducrot. En voici la preuve : « Vainement, mon chef d'état-major, mon aide-de-camp me firent-ils des observations, me disant que tout allait bien, que la journée ne faisait que commencer, qu'on pouvait attendre. — Attendre quoi ? leur répondis-je, que nous soyons complètement enveloppés ? Il n'y a pas un instant à perdre. Exécutez mes ordres, *trêve* de réflexions[3]. »

---

1. « Pour nous aborder à Illy et Fleigneux, la droite de l'armée ennemie était loin de se trouver dans des conditions favorables. Elle était obligée, une fois la route de Bouillon franchie, de s'engager dans la gorge de la Haute-Givonne (Lamour et usine Chalamont). Séparée de son centre, que le canon de Sedan tenait immobile, forcée de nous présenter le flanc le long de la crête entre Illy et Givonne, exposée dans le ravin, qui est presque en ligne droite, à un feu d'enfilade, elle eût été repoussée très probablement. » (*La Journée de Sedan*, par le général Ducrot, p. 17.) — Colonel Grouard, p. 106 et 107.

2. « Il suffisait de détachements d'infanterie à Floing, à Saint-Menges et Fleigneux pour contenir l'ennemi de ce côté (Saint-Albert) ; des batteries également sur les hauteurs d'Illy pour arrêter les colonnes de la Garde qui s'avançaient par les fonds de Givonne. » (*Note manuscrite du général Ducrot, Revue de cavalerie*, numéro de février 1903, p. 459.)

3. *La Journée de Sedan*, par le général Ducrot, p. 22. — *Le Correspondant*, numéro du 25 août 1900, p. 618. — Docteur Sarazin, p. 121.

Aussi bien, puisqu'il y a aveu, nous nous bornerons à quelques citations.

« La résolution de battre en retraite souleva de nombreuses objections dans l'état-major même du général[1]. » — « Ni le général Lebrun, ni le colonel Robert, ni le général Douay, ni personne n'approuva, au début, le projet de retraite sur Mézières. Nous avons entendu, au contraire, pendant les débats du procès Wimpffen-Cassagnac, tous ces généraux, si injustes pourtant à l'égard de leur ancien camarade, avouer, malgré eux, qu'ils avaient supplié le général Ducrot de retarder cette néfaste retraite[2]. » — « L'ordre de retraite du général Ducrot ne laissa pas d'étonner son entourage. Son chef d'état-major, son aide-de-camp lui firent des observations... Le général Lebrun lui fit les mêmes objections et lui dit : « Nous avons l'avantage, les Bavarois recu- « lent ; nos soldats vont bien ; ce serait dommage de ne pas en « profiter. Je crains qu'un mouvement de retraite les décourage « et se change bientôt en déroute..... A 8 heures trois quarts, il demanda impérativement au général Lebrun l'exécution de ses ordres..... Cette retraite étonna l'empereur, qui s'était avancé sur le champ de bataille et qui, sans vouloir intervenir dans les ordres des généraux, ne put s'empêcher d'envoyer un de ses officiers d'ordonnance, le capitaine Guzman, aux informations auprès du commandant en chef[3]. »

Il n'y a pas à nier que le général Lebrun avait maltraité et repoussé les Bavarois ; c'était un succès, M. Ducrot l'a reconnu : « Il était pénible, pour le commandant du 12e corps, d'abandonner de bonnes positions, *d'interrompre un succès*[4]. » — « L'infan-

1. Amédée Le Faure, t. Ier, p. 298.

2. Alfred Duquet, *Frœschwiller, Châlons, Sedan*, p. 399.

3. Colonel Ferdinand Lecomte, t. II, p. 464 à 466. — *La Guerre de France 1870-1871*, par Charles de Mazade ; Paris, Plon, 1875 ; t. Ier, p. 215. — Colonel Fabre, p. 141. — *Le général de Wimpffen, réponse au général Ducrot*, p. 47. — « Des officiers *se plaignaient amèrement* de l'ordre de retraite qui leur avait fait abandonner Bazeilles, dès 8 heures un quart, lorsque le général Ducrot, succédant au maréchal, s'était avisé de vouloir *concentrer toutes les troupes sur le plateau d'Illy.* » (*La Débâcle*, par Émile Zola, p. 277.)

4. *La journée de Sedan*, par le général Ducrot, p. 24. — *Ibid.*, p. 33. — Notes du colonel Robert, *ibid.*, p. 123.

terie de marine avait fait subir des pertes énormes aux Bavarois [1]. » — « Il est possible que, par un effort vigoureux et simultané de toutes les troupes des corps 1 et 12, appuyées par le 5ᵉ, on fût d'abord parvenu non seulement à arrêter ces deux corps allemands, mais même à les faire reculer [2]. » — « Le Iᵉʳ corps bavarois aurait été à deux doigts de sa perte s'il n'avait été secouru [3]. » — « Dans ces conditions (vers 9 heures), la situation était devenue des plus précaires pour les faibles contingents allemands postés à la Moncelle. Tout renfort continuait à leur faire défaut dans la lutte inégale qu'ils soutenaient contre des forces écrasantes, car l'action qui s'engageait en même temps à Daigny absorbait toutes les ressources encore disponibles de la XXIVᵉ division et, quant à la XXIIIᵉ, elle arrivait seulement au Rulle [4]. » — Vers 8 heures, « la situation restait toujours grave », à Bazeilles [5].

C'est pourquoi la possibilité d'une victoire à notre droite n'était pas une chimère, c'était par là qu'il fallait attaquer, le matin : 1° parce que M. de Moltke ne croyait pas que nous voulussions y passer et qu'on doit toujours se précipiter du côté où l'ennemi ne vous attend pas ; 2° parce qu'il n'avait que très peu de monde, à cet instant, aux environs de Bazeilles et de la Moncelle ; 3° parce

---

1. *Retraite sur Mézières, Annexe à La Journée de Sedan* par le général Ducrot, p. 41. — Docteur Sarazin, p. 119.

2. Colonel Grouard, p. 126. — Il est vrai que le colonel ajoute : « Mais, bientôt, les deux corps bavarois eussent été soutenus par le IVᵉ corps et par la Garde prussienne. » (*Ibid.*) C'est une question ; en tous cas, les Bavarois une fois à l'eau, le IVᵉ corps eût été écrasé à son tour lorsqu'il se serait présenté, essoufflé et en désordre. Quant à la Garde royale, il lui eût fallu du temps pour revenir de Villers-Cernay, si elle avait songé à retourner sur ses pas, exténuée comme elle l'était. (Voir, à ce sujet, *Metz, les Grandes batailles*, par Alfred Duquet ; Paris, bibliothèque Charpentier, 1888, p. 192 et 193.)

3. Prince de Hohenlohe, *Lettres sur la stratégie*, t. II, p. 299.

4. *La Guerre franco-allemande*, 1ʳᵉ partie, p. 1108.

5. *Ibid.*, p. 1115. — « Ces braves troupes, fusillées de tous côtés et vigoureusement attaquées à plusieurs reprises, s'étaient maintenues durant trois heures déjà dans leur *périlleuse position ;* mais, depuis 10 heures du matin, elles commençaient à manquer de munitions et, là aussi, plus d'un combattant allait être réduit à sa dernière cartouche. » (*Ibid.*, p. 1119.) — « Les Bavarois, qui avaient été, un moment, sur le point de battre en retraite devant les seuls efforts du corps Lebrun, ainsi qu'a bien voulu le dire le prince de Saxe... (*Enq. parlem. déf. nationale*, déposition du maréchal de Mac-Mahon, p. 39.) — Voir, pour le manque de munitions, *supra*, p. 67.

que nous y étions vainqueurs et que la règle éternelle de la guerre est de pousser ses avantages jusqu'au bout ; 4° parce qu'un gros succès sur un point du champ de bataille a, de tout temps, comme nous l'exposerons bientôt, produit un effet moral immense : en bien sur les victorieux, en mal sur les vaincus.

Le 23 janvier 1903, dans son cabinet de la Comédie-Française, Jules Claretie nous a déclaré — Y. K. ne récusera pas ce témoignage — qu'un soir, à dîner, le général Chanzy lui avait dit : « A Sedan, il n'y avait qu'une chose à faire : achever d'écraser les Bavarois et broyer tout ce qui viendrait à leur secours en petits paquets et à longs intervalles. »

C'était aussi l'avis du maréchal de Mac-Mahon : Si « tout le corps du général Ducrot, appuyé par le corps entier du général Douay [1], avait reçu ordre de traverser le ravin de la Givonne pour se porter sur le plateau du bois Chevalier, il est plus que probable que ces sept divisions, bien commandées, auraient culbuté les deux divisions saxonnes et arrêté, avant qu'elles fussent arrivées sur le plateau du bois Chevalier, les deux divisions de la Garde royale, dont l'une n'arriva que vers 8 heures et demie, en face de Villers-Cernay, tandis que l'autre se portait sur La Chapelle [2]. Les Bavarois, qui avaient été un moment sur le point de battre en retraite devant les seuls efforts du corps Lebrun, ainsi qu'a bien voulu le dire le prince de Saxe, pris en flanc par les divisions du général Ducrot, *auraient pu être jetés dans la Meuse et la Chiers.* Les soixante escadrons de cavalerie, dont aurait pu disposer le général en chef, auraient alors pu agir dans la vallée de la Chiers et rendre difficile la retraite de l'ennemi. Je persiste donc à dire que si le général en chef avait porté, sur les 6 heures et demie, toute son armée à l'est, *les Bavarois, les Saxons et la Garde royale n'auraient pu l'arrêter.* Il suffisait, pour assurer ses derrières, de laisser, dans le bois de la Garenne, une partie ou la totalité du corps du général de Wimpffen qui, à la rigueur, se serait rejeté plus tard dans Sedan. Qui peut dire le résultat qu'aurait eu

---

1. Le duc de Magenta oublie Le Hattoy, Saint-Menges et le Calvaire d'Illy, car l'abandon de ces trois points rendait sa poussée vers l'est inutile et dangereuse.

2. Il valait mieux, pour couper les communications de l'adversaire, attaquer la gauche allemande (Bavarois) que le centre et la droite (Saxons et Garde royale).

cette attaque contre des troupes ayant à dos la Meuse et la Chiers [1] ? »

Oui, qui peut calculer l'immense effet moral produit, sur nos soldats, que cette victoire aurait électrisés, sur l'ennemi, qui se serait senti coupé dans sa ligne de retraite, privé de ravitaillement en vivres et en munitions ?

A la bataille de Pharsale, Pompée avait deux fois plus de combattants que César, cependant, par une vigoureuse attaque contre la gauche de son rival, le vainqueur de la Gaule fait lâcher pied à cette partie de l'armée de Pompée. Se sentant tournés, le centre et la droite sont pris de terreur, les troupes de César excitées par leur succès redoublent d'ardeur et d'audace ; l'effet moral fait fuir les uns, avancer les autres, la panique se met dans les rangs pompéiens ; ce n'est plus une bataille, c'est une déroute, un massacre : César est maître du monde !

Pourtant, comme le fait si bien observer le colonel Ardant du Picq, il semble que, pour la masse des vétérans de Pompée, parer au danger d'être tournés était chose facile, ayant deux fois la profondeur des rangs de leurs adversaires, « non, l'aile prise à dos se sauve ; de proche en proche, la contagion de la peur entraîne le reste, et l'épouvante est si grande qu'ils ne songent même pas à se reformer dans leur camp, un moment défendu par les cohortes de garde. Comme à Cannes, les armes leur tombent des mains [2]. »

Les Français étaient en pareille situation, le matin de Sedan, et c'était également la gauche ennemie qu'il fallait enfoncer, comme à Pharsale, car, là seulement, nos régiments, cernés, avaient la faculté de manœuvrer, et non vers Saint-Menges et Fleigneux, où ils auraient été arrêtés par des bois infranchissables et par le défilé de Saint-Albert occupé par les troupes de la IIIᵉ armée. Au contraire, au delà de Bazeilles, les corps allemands, arrivant, à

1. *Enq. parlem. déf. nationale,* déposition du maréchal de Mac-Mahon, p. 39. — Saint-Albert était au pouvoir de l'ennemi depuis le matin, « et, folie pour folie, il n'y en avait plus qu'une de désespérée et de brave, celle de jeter les Bavarois à la Meuse et de passer sur eux pour reprendre le chemin de Carignan ». (*La Débâcle,* par Émile Zola, p. 222 et 223.)

2. Colonel Ardant du Picq, *Étude sur le combat ;* nouvelle édition, préface de M. Ernest Judet ; Paris, Chapelot, 1903 ; p. 55.

intervalles, au secours des Bavarois jetés à la Meuse, eussent été démoralisés et battus, l'un après l'autre. C'est la philosophie de la bataille de Cannes, de celle de Pharsale, de tant d'autres batailles modernes, de la bataille de Rezonville, qui aurait dû être une victoire française si Bazaine avait daigné donner des ordres, n'avait pas repoussé le triomphe, avait fait écraser les corps allemands à mesure qu'ils accouraient, à longues distances, exténués, à l'aide les uns des autres. A toutes les époques, les mêmes causes ont produit les mêmes effets.

Quant à la marche sur Carignan, à 9 heures — ou mieux, à 10 heures, car nous avons expliqué que c'était seulement à cette heure que les généraux avaient su que la retraite sur Mézières était contremandée — après le désastreux mouvement de recul de Ducrot, après l'occupation, par l'ennemi, de Floing, de Saint-Menges et de Fleigneux, elle n'avait aucune chance de réussir. C'était de 6 heures à 8 heures du matin, lorsque l'armée française était en bonne position, lorsque les Prussiens n'avaient pas encore débouché de Saint-Albert, que la poussée contre les Bavarois devait être exécutée.

En résumé, Ducrot et Wimpffen ont fait, trop tard, le 1er septembre, ce qui était possible, la veille pour la retraite sur Mézières, le matin vers 7 et 8 heures pour la marche contre Carignan. Après 9 heures, il n'y avait plus qu'à préparer la sortie par Torcy, de manière à la tenter dans l'après-midi ou à la nuit, si, comme nous l'avons déjà dit, on ne laissait pas chacun se sauver dans toutes les directions.

VII

« L'impossibilité radicale d'une sortie par Torcy [1]. »

Commençons par reproduire la page que nous avons consacrée, dans notre étude *La Retraite à Sedan*, à l'hypothèse d'une évasion par Donchery et Cheveuges.

« Rien ne s'opposait à ce que l'armée s'échappât par le faubourg

---

1. *Revue de cavalerie*, numéro de décembre 1902, p. 284.

— 78 —

de Torcy, par Frenois et par la rive gauche de la Meuse. De ce côté, il n'y avait que des canons et le roi de Prusse, gardés par une brigade de uhlans et quelques compagnies seulement[1].

« L'infanterie française pouvait sortir de Torcy : d'abord par les routes de Glaire et de Wadelincourt, non enfilées par les batteries adverses, ensuite, quand les artilleurs ennemis auraient été aux prises avec nos premiers assaillants, par la route de Donchery. De plus, si l'on voulait réserver ces routes à la cavalerie et à l'artillerie, il était facile d'établir des descentes permettant aux fantassins de franchir les remparts là où ne se trouvaient pas de portes.

« La division wurtembergeoise et les IIIe et IVe brigades de cavalerie, postées au nord et au nord-ouest de Donchery, n'auraient pas eu le pouvoir, à elles seules, d'arrêter l'armée française, d'autant plus qu'il leur aurait fallu, pour nous barrer la route, repasser la rivière, opération toujours longue et difficile, surtout en présence de l'adversaire. Quant aux autres troupes allemandes, elles n'auraient pas eu la liberté d'accourir de Saint-Menges, d'Illy, de Givonne, de Daigny, de la Moncelle, de Bazeilles, afin de nous fermer le chemin.

« En effet, il ne faut pas oublier que les corps d'armée ennemis avaient marché pendant la nuit, que plusieurs d'entre eux avaient fait dix ou douze lieues, d'autre sept et huit, en raison des marches et contre-marches résultant de la nature des lieux et du brouillard épais qui couvrait la campagne à partir de 2 heures du matin[2]; il ne faut pas oublier aussi que les corps d'armée allemands se battaient ou marchaient depuis le lever du soleil. Demander à ces soldats, exténués, affamés, de parcourir encore huit, douze ou seize kilomètres afin d'atteindre les Français en retraite n'était pas admissible : les forces humaines ont des bornes[3].

« Il est vrai qu'il nous aurait fallu sacrifier un ou deux corps

1. *La Guerre franco-allemande*, positions des deux armées vers midi, plan 9 A.

2. *La Guerre franco-allemande*, 1re partie, p. 1089, 1095, 1096, 1128, 1130, 1138, 1146 à 1149, 1153 et 1163 à 1165.

3. « Des gens qui ont marché pendant sept milles ne nous inspirent plus aucune crainte : ils sont à bout de forces. » (Baron Colmar von der Goltz, *La Nation armée;* Paris, Hinrichsen, 1884 ; p. 271.)

d'armée, ceux qui auraient protégé la retraite, mais, encore une fois, ne valait-il pas mieux livrer aux Prussiens la partie que le tout? Non, personne, dans notre état-major, ne songea, une minute, à la retraite par Dom-le-Mesnil : c'était, pourtant, le vrai moyen de sauver la moitié de l'armée, d'éviter la capitulation générale. Seulement, il fallait commencer par s'emparer des batteries installées, sans défense, du château de Bellevue à la hauteur qui domine Wadelincourt au sud-ouest. Dans l'histoire de France, on trouve des faits d'armes plus extraordinaires que celui-là. Mais, en ce triste temps, le mot *impossible* était devenu français[1] ! »

Voici ce que pense de cette sortie par Torcy un militaire de haute valeur qui a écrit, au lendemain de la guerre, un remarquable livre sur nos désastres : « Au sud, on pouvait sortir par le faubourg fortifié de Torcy, dans la direction de Vouziers et de Reims. Cette issue était la plus dangereuse à prendre, au début surtout. Ce qui serait arrivé ensuite de cette tentative, nul ne peut le dire, mais, à la guerre, il faut toujours de l'audace[2]. »

Quelles sont les objections, apportées par Y. K., contre cette sortie par le sud? Il dit que sur les hauteurs de Frenois-Wadelincourt se tenaient, « en dehors de la cavalerie, 12 batteries et 48 compagnies d'infanterie[3] ».

Avant 9 heures du matin, nous ne le contestons point, mais il n'en était pas de même quelques heures après ; or, il nous semble que c'est le propre d'un général en chef de décider les mouvements tactiques suivant la répartition des forces de l'armée adverse. Donc, Y. K. n'a pas raison de nous contredire puisque, afin de ruiner notre argumentation, il donne la position des troupes ennemies à 9 heures du matin quand nous l'avons donnée dans l'après-midi. Il aurait dû, tout au moins, avertir qu'il ne se plaçait pas au même instant que nous.

Dès midi, la situation était complètement modifiée puisque le roi de Prusse n'avait plus autour de lui, sur ces hauteurs, de Wadelincourt au chemin de fer en face de Villette, qu'une bri-

1. *La Retraite à Sedan*, p. 80 à 82.
2. Rüstow, t. Ier, p. 333 et 334
3. *Revue de cavalerie*, numéro de janvier 1903, p. 434 et 435.

gade de uhlans, deux escadrons de cavalerie et huit détachements d'infanterie ne dépassant guère la valeur d'une brigade[1].

Entre 3 et 4 heures, les forces allemandes, de ce côté, n'augmentèrent pas, au contraire[2], et nous ne comprenons pas pourquoi il était plus malaisé d'attaquer une brigade de cavalerie et une brigade d'infanterie, à Frenois, aidé par les canons de la place de Sedan, que de s'en prendre à deux corps d'armée, une division d'infanterie, sans compter les divisions de cavalerie, à Floing, Saint-Menges, Fleigneux, Saint-Albert, lisière du bois de la Falizette, Champ-de-la-Grange, réduit que l'on eût été à s'appuyer sur les seuls feux des collines situées au nord-ouest du bois de la Garenne. Si l'on voulait ne trouver personne devant soi pour agir il valait mieux se rendre tout de suite, attendu que l'armée française était, après 9 heures, bel et bien cernée, c'est-à-dire privée de toute route par laquelle elle aurait pu se retirer sans combat. Il fallait donc lutter, et lutter du côté où se trouvaient le moins de bataillons ennemis. A partir de 1 heure, c'était du côté de Frenois, si l'on se reporte aux cartes du grand État-major prussien, cartes en concordance avec tous les récits français de la bataille, que les Allemands avaient le moins de monde[3].

Un savant critique, après avoir cité notre phrase à propos de cette attaque de Frenois, « dans l'histoire de France on trouve des faits d'armes plus extraordinaires que celui-là », a ajouté : « Sans vouloir discuter, actuellement, aucune de ces solutions (Mézières, Carignan, Torcy), l'on ne peut cependant qu'approuver pleinement cette réflexion[4]. »

---

1. Voir le plan de la bataille de Sedan, vers midi. (*La Guerre franco-allemande*, plan 9 A.)

2. *Ibid.*, plan 9 B

3. Aussi bien, Y. K. reconnaît que Frenois était le côté le plus faible de la ligne enveloppante puisqu'il a écrit : « L'ennemi avait, sur cette direction, moins de forces qu'ailleurs. » (*Revue de cavalerie*, numéro de janvier 1903, p. 435.) — « En s'étendant, à droite et à gauche, pour se rejoindre entre l'armée française et la frontière belge, les Allemands étaient obligés de *s'affaiblir au sud*. » (Colonel Grouard, p. 111.) — « Notre situation était perdue. L'heure était venue *de choisir le point le plus faible* des lignes ennemies et d'y lancer nos troupes en colonnes d'assaut, au risque de pertes épouvantables, pour y faire une trouée et sauver au moins du désastre ce bien suprême du soldat, l'honneur. » (Général Derrécagaix, p. 299.)

4. *Revue d'histoire ;* Paris, Chapelot, juin 1902 ; n° 18, p. 429.

Ensuite, Y. K. fait observer que « les routes de Glaire et de Wadelincourt, pour n'être pas enfilées, n'en étaient pas moins placées sous le feu des canons ennemis [1] ».

Mais que notre contradicteur nous désigne donc une route, un chemin, autour de Sedan, le 1er septembre, qui ne fussent pas sous le feu des canons ennemis? Est-ce que Montimont, ou ses environs, ne battaient pas la route Sedan-Mézières, entre la Meuse et la Falizette, et le mauvais chemin allant de Saint-Menges à Bosséval? Nous avons pensé qu'il était préférable de suivre une voie non enfilée, il paraît que les disciples de M. Ducrot ne sont pas de cet avis : tant pis pour eux, pour l'armée, pour la France [2] !

Quant à la difficulté de franchir la rivière et l'enceinte de la place, nous avons déjà fait remarquer qu'il y avait, dans la ville, assez de matériaux pour jeter des ponts volants sur un cours d'eau peu large, et que, par la mine ou autrement, il était facile de multiplier les passages dans les remparts. Nous n'insisterons pas.

Notre excellent contradicteur nous fait également observer que, « avant de prendre des routes, il eût fallu battre l'adversaire qui en interdisait l'accès [3] ». Les braves soldats du héros de Marignan, du maréchal de La Palisse, mort glorieusement à la bataille de Pavie, n'auraient pas mieux dit. Oui, de même qu'on ne fait pas d'omelette sans casser des œufs, de même on ne repousse pas les gens qui vous disputent le terrain sans se battre. Et puis, est-ce que, du côté de Saint-Albert, les Prussiens auraient reçu les Français à bras ouverts?

Quant aux autres réflexions que présente Y. K. afin de justifier l'impossibilité de sortir par Torcy [4], nous n'avons pas le loisir de les reprendre une à une et de les réfuter. Si l'on voulait s'y arrêter, nous le répétons, à la guerre, on s'enfoncerait dans un bon fauteuil et l'on ferait un somme..... jusqu'à un réveil plutôt désagréable. Seulement, nous ne pouvons nous empêcher de constater que notre contradicteur devrait bien appliquer, à l'exécution du

---

1. *Revue de cavalerie,* numéro de janvier 1903, p. 435.
2. Voir comment le général Ducrot juge les feux d'enfilade. (*La Journée de Sedan,* p. 17.)
3. *Revue de cavalerie,* numéro de janvier 1903, p. 435.
4. *Ibid.,* p. 436 à 439.

plan de Ducrot par Saint-Albert, toutes les objections qu'il énumère à l'égard de la sortie par Torcy : *une heure d'intervalle entre
la prise de commandement et la mise en marche de l'armée*[1] *; durée
d'écoulement des troupes par des passages étroits sous le feu de
l'ennemi*[2] *; arrivée de la Garde royale par le nord-est*[3]. Aussi,
nous appliquons, sauf un, avec bien plus de raison, les propres
mots d'Y. K. à la tentative de Ducrot contre Saint-Menges et
Saint-Albert, à 9 heures, à 10 heures, à 11 heures du matin :
« Nous n'aurions même pas pu *entrer* dans le défilé[4]. »

En ce qui concerne l'appui qu'auraient apporté aux brigades
de cavalerie et d'infanterie allemandes chargées de la garde du roi
et des batteries rangées auprès de lui, la division wurtembergeoise, les divisions bavaroises, les Ve et XIe corps[5], nous avons
déjà exposé, d'après le major von der Goltz, que des hommes qui,
depuis plusieurs jours, ont parcouru, à marches forcées, chemins
et routes défoncés, qui viennent, la veille, de faire huit et
douze lieues, qui ont marché pendant la nuit entière, qui se
battent depuis le matin, ne sont plus en état de fournir une nouvelle traite de deux ou trois lieues[6]. C'est pourquoi nous sommes
en désaccord avec Y. K. sur le moment de la journée où la sortie
par Torcy aurait dû être essayée. Il parle de 7 heures du matin[7].
A cet instant, en effet, elle eût certainement échoué, car ce n'était
pas encore le point faible du cercle enveloppant de l'ennemi, car
les troupes de la IIIe armée n'étaient pas parvenues à Saint-Albert,
car l'arrière-garde aurait pu revenir sur Donchery. De même, les
régiments de l'armée de la Meuse n'étaient pas non plus au nord
de Givonne et de Villers-Cernay et ils se trouvaient en mesure de
partir de Rubécourt et Douzy pour le Pont-Maugis et Wadelincourt. Enfin les Bavarois n'étaient pas complètement engagés du
côté de Bazeilles. Mais, à 1 heure de l'après-midi et plus tard,
comment aurait-on pu demander aux Allemands, fourbus, de

---

1. *Revue de cavalerie,* numéro de janvier 1903, p. 436.
2. *Ibid.,* p. 437.
3. *Ibid.*
4. *Ibid.,* p. 438.
5. *Ibid.,* p. 439.
6. *La Retraite à Sedan,* p. 81 et 82.
7. *Revue de cavalerie,* numéro de janvier 1903, p. 436.

fournir une nouvelle course, de traverser la Meuse et de pour-
suivre les Français ? Quand il n'y a plus de charbon dans le foyer,
la meilleure machine est obligée de stopper.

Aussi bien, sur ce point, nous ne sommes pas en aussi complète
opposition avec Y. K. que sur maints autres cas : s'il repousse la
sortie par Torcy, le jour, tout en la comprenant « comme diver-
sion [1] », tout en avouant que le mouvement était « avantageux en
soi, en principe du moins [2] », il l'accepte, la nuit [3]. Et il écrit fort
éloquemment : « Je suis convaincu qu'on pouvait, non avec toute
l'armée, bien entendu, mais avec les hommes demeurés de bonne
volonté, tous les officiers prenant le fusil et formant des bataillons
sacrés comme à la retraite de Russie, tenter l'aventure et que,
dans ce cas, *Torcy était une des directions indiquées*. C'était à
essayer ; on n'avait pas le droit de ne pas le faire ; le devoir et
l'honneur le commandaient ; l'empereur devait être de la partie
et, à mon sens, on serait passé sur le ventre des Prussiens, à la
faveur de l'obscurité, ceux-ci ne s'attendant à rien de sem-
blable [4]. »

Nous ne saurions mieux dire ; dans la situation où se trouvait
notre pauvre armée, la sortie par Torcy était à tenter.

VIII

Que dire des appendices mis par Y. K. à la fin de sa réponse ?

Nous ne songeons pas à les réfuter car ce serait reprendre une
grosse partie de notre réplique ; nous renverrons purement et
simplement et à notre *Retraite à Sedan* et à nos précédents
articles de la *Revue de cavalerie* de mars et d'avril.

Quant à la question de la marche sur Metz prescrite à l'armée
de Châlons par le général de Palikao, nous ne disposons pas de
la place nécessaire à cette discussion et la réservons pour un

1. *La Retraite à Sedan,* p. 83.
2. *Ibid.*
3. *Ibid.,* p. 84.
4. *Ibid.*

autre temps ; nous nous contentons, aujourd'hui, de retenir que notre contradicteur, si féru des qualités militaires de M. Ducrot, décrète, *motu proprio,* que l'on constate, chez le comte de Palikao, « l'absence de toute idée sur la stratégie [1] » !!! Dont acte.

Nous en aurions donc fini avec la réponse d'Y. K. s'il ne se trouvait, dans les appendices, une phrase qui va nous permettre de compléter, par des renseignements puisés à des sources d'une pureté parfaite, le récit de la fable des perceurs de Sedan et de tracer, pas à pas, l'itinéraire qu'ils ont suivi.

Dans un fragment de lettre, écrite par un chef d'escadron d'artillerie qui « ne s'est pas nommé et qu'on n'a pas revu », on lit : « Le 3 septembre, au soir, nous rencontrons près de Maubert-Fontaine (au sud-ouest de Rocroi), la cavalerie du colonel Thornton qui avait pu s'échapper vers l'ouest du champ de bataille de Sedan ; nous apprenons le désastre. » Et, en note, Y. K. met : « Tout ce qui s'échappe, s'échappe par l'ouest [2]. »

Nous avons déjà exposé comment le parc d'artillerie du 5ᵉ corps s'était éloigné de Sedan, avant la bataille, et était arrivé à Mézières vers 1 heure et demie de l'après-midi [3]. Ceux-là avaient bien pris la route de l'ouest, la route de Vrigne-aux-Bois, alors que, seuls, quelques escadrons allemands y galopaient.

Il y eut, également, d'autres fuyards français qui, ayant suivi trop tard les artilleurs du 5ᵉ corps, furent capturés par la cavalerie ennemie battant, dès 5 heures du matin, le pays au nord de la Meuse, depuis Issancourt jusqu'à Bosséval et le bois de la Falizette. « Durant le mouvement du Vᵉ corps sur Vivier-au-Court [4], la cavalerie de son avant-garde, qui battait le pays dans la direction du nord, se rencontrait avec des partis ennemis errants le long de la frontière belge. C'est ainsi que le capitaine

---

1. *Revue de cavalerie,* numéro de février 1903, p. 608.

2. *Ibid.,* p. 588. — Nous donnerons, tout à l'heure, un passage d'une lettre du général Thornton constatant qu'il s'est échappé, non par l'ouest, mais par le nord-est du champ de bataille, par la route de Bouillon et la Belgique, comme les camarades.

3. Voir *supra,* p. 19 et 20.

4. C'est-à-dire de 6 heures à 8 heures et demie du matin, avant l'attaque de Saint-Menges. « A 7 heures et demie, l'avant-garde du Vᵉ corps atteignait Vivier-au-Court. » (*La Guerre franco-allemande,* 1ʳᵉ partie, p. 1148.)

de Massow, venu d'Issancourt avec le 1er escadron du 4e régiment de dragons, faisait prisonnier le général de Brahaut et une partie de son état-major. Continuant ensuite à s'avancer dans les forêts qui bordent la frontière, en avant du village belge de Sugny (par conséquent par le chemin allant de Vrigne-aux-Bois à Bosséval), cet escadron opérait sa jonction (à Bosséval) avec le 4e et un peloton du 2e, arrivés par la Claire (par la route de Donchery à Bosséval passant à la Briqueterie); cette petite troupe trouvait encore et capturait un certain nombre de fantassins français débandés, de chevaux, de voitures et ramenait toutes ces prises à La Claire (sur la lisière occidentale de la Falizette, presque au croisement de la route de Donchery à Bosséval et du chemin d'exploitation tracé de Saint-Menges à cette route, à 1 200 mètres de Bosséval)[1]. »

Mais il n'y eut pas d'autres troupes françaises ayant suivi, ce jour-là, le chemin de l'ouest, au sortir de Sedan ou de ses environs; toutes les autres fractions de régiments — francs-fileurs ou groupes séparés du gros de l'armée par l'arrivée de la Garde royale à Givonne et au delà, en raison d'ordres mal compris ou, simplement, de la vulgaire peur[2] — toutes ces fractions enfilèrent la route du nord, la route de Bouillon, qui les conduisit en Belgique. Là, ils tournèrent à gauche, vers l'ouest, en suivant une assez bonne voie qui les mena d'abord à Corbion, village belge, et qui leur permit ensuite de longer la frontière française et de gagner Gespunsart.

On voit que l'assertion d'Y. K. venant déclarer que « tout ce qui s'échappa, s'échappa par l'ouest » est le contraire de la vérité.

Depuis le commencement de la discussion de *La Retraite à Sedan*, un écrivain du plus haut mérite, M. Félix Bouvier, l'historien de la campagne de 1796[3], ami personnel des deux contra-

---

1. *La Guerre franco-allemande*, 1re partie, p. 1156.

2. En dépit de la discipline, « l'instinct de la conservation maintient son empire et le sentiment de la peur avec lui. La peur ! Il est des chefs, il est des soldats qui l'ignorent ; ce sont gens d'une trempe rare. La masse frémit, car on ne peut supprimer la chair. » (Colonel Ardant du Picq, p. 12.)

3. Félix Bouvier, *Bonaparte en Italie, 1796* ; Paris, Léopold Cerf, 1899.

dicteurs, s'intéressa vivement à leurs polémiques. Cette question des *perceurs* l'intriguait beaucoup et il interrogeait tous ceux qu'il croyait en état de l'éclairer sur cet exode. Se trouvant, dernièrement, à dîner à côté d'un officier général français qui a commandé un corps d'armée, il recueillit, de sa bouche, les déclarations suivantes :

« Partie, en combattant, du bois Chevalier, la division de Lartigue, dans les rangs de laquelle je me trouvais, avait reçu, vers 9 heures, l'ordre de gagner Illy. Là, après avoir proposé au général Margueritte de l'appuyer, celui-ci nous ayant répondu de lui f..... la paix, le 3ᵉ zouaves, le 56ᵉ de ligne et le 3ᵉ turcos ont quitté Illy, gagné le moulin d'Olly, sans être inquiétés, ont pris *la route de Bouillon,* passé par Corbion, suivi le chemin qui longe la frontière, continué au-dessous des Hautes-Rivières et sont arrivés à Rocroi à 3 heures du matin dans la nuit du 1ᵉʳ au 2 septembre. »

Il se trouve des erreurs dans cette déclaration, mais, aussi, des vérités indiscutables.

1° Le 3ᵉ zouaves, le 56ᵉ de ligne et le 3ᵉ turcos, tout entiers, n'ont pas ainsi vidé les lieux ;

2° Le général est muet sur l'heure du départ. Il n'était pas encore midi.

Mais il est établi :

1° Que les dissidents ont pris la route du nord-est, celle de Bouillon, et non celle de l'ouest, Vrigne-aux-Bois, pas plus que les chemins éthérés de la Falizette ;

2° Qu'ils ont gagné la Belgique et que c'est par un chemin belge qu'ils ont pu rentrer en France, après une marche de 16 kilomètres.

Nous allons démontrer ces quatre propositions.

Le général Canonge nous a déclaré, au dîner de *La Plume et l'Épée,* le 18 mars 1903, que « des fractions du 3ᵉ zouaves, du 56ᵉ de ligne, du 3ᵉ turcos étaient sorties du champ de bataille, *avaient pris la route de Bouillon et étaient entrées en Belgique* où les douaniers leur avaient dit : « Dépêchez-vous, passez vite, « afin que les Prussiens ne nous disent rien. » Les échappés s'étaient hâtés autant que la fatigue le leur permettait, étaient rentrés en France par Gespunsart et avaient gagné Mézières. »

On s'aperçoit qu'il n'y a pas eu la moindre *percée* des lignes allemandes, *pas de combat*, et que la route prise, en France, est une route allant d'Illy au nord-est et ne traversant ni la Falizette ni le Grand-Canton.

Aussi bien, dès 1882, dans son *Histoire militaire contemporaine*, le savant général, après avoir raconté l'essai de charge à la baïonnette, commencé, le soir, du côté de Cazal, par quelques braves ne voulant pas se rendre, avait écrit : « Telle est, en dehors de la vigoureuse attaque de Balan, la seule tentative *vraie* qui ait été faite pour percer, à partir du moment où le cercle de fer a été complet[1]. » Et le général a mis en note : « Sans vouloir renouveler de douloureux souvenirs, il est permis de dire que les troupes qui sont sorties du champ de bataille, à la suite d'un ordre mal donné ou mal interprété, *ont traversé un espace complètement libre* et ont débouché, en grande partie, *sur la route de Bouillon*. Il convient, au nom de la vérité, de faire justice de la légende des *perceurs,* tout au moins désobligeante pour ceux qui sont restés.[2] »

Ces prémisses posées par les loyales déclarations des deux généraux échappés à la capitulation, prenons la première des quatre propositions.

Le 3ᵉ zouaves, le 56ᵉ de ligne et le 3ᵉ tirailleurs algériens n'ont pas, tout entiers, quitté le champ de bataille.

Nos observations seront courtes, à ce sujet, attendu qu'il n'y a pas de contestations.

Prenons l'historique du 3ᵉ zouaves.

« Cette fraction (colonel Méric), comprenant 17 officiers et 423 zouaves, franchit les lignes prussiennes à Fleigneux, longe la frontière belge et marche toute la nuit du 1ᵉʳ au 2 septembre, sous une pluie battante. Elle suit les chemins détrempés de la

1. *Histoire militaire contemporaine,* par le général Canonge, t. II, p. 223.
2. *Ibid.*

forêt de Rocroi et atteint cette place le 2 septembre à minuit[1]. »
— L'autre partie du régiment (commandant Hervé) ne suit pas le
colonel Méric et rejoint les combattants de la division L'Hériller
dans la direction du bois de la Garenne[2].

Le 1er bataillon du 56e de ligne (commandant Balencie), le
2e bataillon (commandant Braulard), sauf une compagnie, ne
s'éloignèrent point de la lutte et furent faits prisonniers à la fin
de la journée. Le 3e bataillon fut coupé du champ de bataille et
gagna Mézières, de même qu'une compagnie du 2e bataillon[3].

Deux compagnies de turcos se rallièrent, à Mézières, aux
troupes du général Vinoy[4]. Le restant du régiment se battit jusqu'à la consommation du drame et fut emmené en captivité[5].

Les échappés sont partis de 10 heures à midi.

A 9 heures, l'artillerie allemande remplissait le sommet du
mamelon 321, entre Givonne et Villers-Cernay[6].

Auparavant, des patrouilles de hussards avaient tâté La Chapelle, mais, après l'arrivée de la Ire brigade de la cavalerie de la
Garde sur les pentes occidentales du mamelon 321, un escadron
des gardes du corps voulut renouveler la reconnaissance : il fut
refoulé par les francs-tireurs de Paris et il se rallia aux hussards
de la Garde, occupant les alentours de la ferme de la Virée, au
sud de La Chapelle[7]. C'est alors que « le lieutenant de Krœcher
sortait du saillant nord du bois de Villers-Cernay, avec la 6e compagnie du régiment des fusiliers, attaquait La Chapelle et, vers

1. *Historique du 3e régiment de zouaves,* par le lieutenant A. Marjoulet, d'après
les ordres du colonel Lucas ; Paris, Charles-Lavauzelle, 1887, p. 163. — Nous verrons
bientôt que ce n'est pas par Fleigneux que le 3e zouaves quitta le combat et qu'il
arriva plutôt à Mézières qu'à Rocroi, dans la soirée du 1er septembre et non le 2.

2. *Historique du 3e régiment de zouaves,* p. 163.

3. *Historique du 56e régiment d'infanterie* du 1er janvier 1870 au 1er mai 1894 (au
crayon : par le lieutenant Pagès), p. 42 à 45. Inédit. Manuscrit des archives du ministère de la guerre.

4. *Historique du 3e tirailleurs algériens,* par L. Darier-Chatelain, lieutenant au
corps ; ouvrage rédigé d'après les ordres du colonel Boitard ; Constantine, Georges
Heim, 1888 ; p. 339.

5. *Ibid.,* p. 337 et 338.

6. *La Guerre franco-allemande,* 1re partie, p. 1132.

7. *Ibid.,* p. 1136.

11 heures et demie, après un court engagement, le village était à lui. Le 5ᵉ escadron des hussards de la Garde, conduit par le capitaine comte Wartensleben, le traverse aussitôt, file ensuite à l'ouest au travers de la forêt des Ardennes (par la route forestière du Lazaret) et débouche sur la lisière opposée, *aux* abords d'Olly, où il rencontre l'aile gauche de la IIIᵉ armée. La première communication se trouve ainsi établie avec la gauche de la ligne de bataille du prince royal de Prusse [1] ».

Et il y avait longtemps déjà que l'infanterie de Fritz était à Fleigneux et à Olly. « Le général de Schachtmeyer avait dirigé le gros du 80ᵉ sur Fleigneux et, *vers 10 heures*, après avoir traversé le champ de la Grange, ce régiment se trouvait dans le voisinage nord de Saint-Menges. Les fractions du 87ᵉ, demeurées sur leurs positions primitives, à l'est de ce village, s'y étaient maintenues pendant longtemps, sous un feu d'artillerie toujours plus intense ; mais quand le major de Grote se fut assuré que de nouvelles troupes continuaient à arriver et que *l'infanterie prussienne occupait Fleigneux, il s'avançait, avec cinq compagnies, dans la direction de la vallée de la Givonne*. A ce moment (de 10 heures à 11 heures) des convois de voitures, des groupes de cavalerie, des pièces ennemies cherchaient déjà à se dérober d'*Illy vers le nord* (c'était les 7ᵉ, 11ᵉ et 12ᵉ chasseurs, les lanciers, etc.), mais les compagnies du 87ᵉ, gagnant, au pas de course, *les hauteurs à l'est de Fleigneux*, coupent les convois français de leur escorte et capturent une trentaine de fourgons tout attelés, puis, traversant ou contournant la parcelle boisée située plus à l'est (au sud de la Scierie entre Fleigneux et Olly), ces compagnies se portent à la rencontre de la cavalerie ennemie qui, escortée de huit bouches à feu, marchait *dans la direction d'Olly* (quittait le champ de bataille). Les pièces s'étaient établies dans une clairière, au sud du hameau ; les cavaliers semblaient s'être enfuis sous bois, *en abandonnant leurs montures ;* du moins n'apercevait-on plus que quelques centaines de chevaux sans maîtres, errant à l'aventure..... Tandis que l'infanterie du XIᵉ corps *s'étendait ainsi jusqu'à la vallée de la Givonne, par les hauteurs situées entre Illy*

---

1. *La Guerre franco-allemande*, 1ʳᵉ partie, p. 1136

et Fleigneux, les batteries du Ve corps étaient venues prolonger la gauche de la ligne d'artillerie en position auprès de Saint-Menges [1]. »

Or, les batteries du Ve corps se sont installées aux alentours de Fleigneux, à la gauche du XIe corps, de 10 heures à 11 heures. « *Quelques instants après 10 heures,* les pièces de l'avant-garde, qui avaient pris position au nord-est de Saint-Menges, ouvraient leur feu contre l'artillerie française déployée sur les crêtes au sud-ouest d'Illy. L'artillerie de corps prenait par le Champ-de-la-Grange, puis, *passant au nord de Fleigneux* ou dans l'intérieur même du village, *déjà occupé par le 2e bataillon du 82e,* elle continuait au sud-ouest et se formait en face d'Illy... *A 10 heures trois quarts,* cette nouvelle ligne d'artillerie commençait à agir ; bientôt après arrivaient encore les deux batteries d'avant-garde et, enfin, *à 11 heures,* deux autres batteries de la 3e Abtheilung montée, qui avaient devancé le gros de la Xe division et venaient prendre place aux deux ailes de l'artillerie de corps. Une puissante ligne de bouches à feu, composée de dix batteries du Ve corps, réunies à quatorze batteries du XIe, *se trouvait donc déployée au nord des positions françaises,* depuis Floing jusqu'à la forêt des Ardennes et, *croisant ses feux avec les batteries de la Garde, qui tonnaient déjà sur les hauteurs de gauche de la Gwonne,* couvrait de projectiles les emplacements occupés par l'armée française [2]. »

A ce moment, « de petits corps français (zouaves, 56e de ligne, turcos), qui tentaient de remonter de la vallée de la Givonne sur les hauteurs, *pour s'échapper dans la direction du nord-ouest* [3] » et « l'apparition inopinée de la cavalerie française à la Scierie (les escadrons qui se sauvèrent) [4] » menacèrent un instant la gauche

---

1. *La Guerre franco-allemande,* 1re partie, p. 1155 et 1156. — Un peu avant 11 heures, le 12e chasseurs à cheval arrive à Illy et veut gravir la côte. « A peine les premiers se montrent-ils sur la crête qu'ils sont reçus, *presque à bout portant, par le feu d'un bataillon ennemi déjà en position* (c'était le 87e prussien). » (*Historique du 12e chasseurs,* par le commandant Raoul Dupuy, major du 12e chasseurs ; Paris, E. Person, 1891 ; p. 344.)

2. *La Guerre franco-allemande,* 1re partie, p. 1157.

3. *Ibid.*

4. *Ibid.,* p. 1158.

des batteries prussiennes, mais, bientôt, 10 escadrons protégeaient l'extrême gauche de la ligne d'artillerie [1].

De tout ce qui précède il résulte que, bien avant midi, dès 11 heures, selon nous, la cavalerie, l'artillerie, l'infanterie allemandes se trouvaient à Fleigneux, à Olly et aux alentours d'Illy, fermant à l'armée française la trouée conduisant en Belgique. Et nous laissons de côté la Garde royale qui occupait Givonne, la route impériale au nord de ce village, la ferme de la Virée et La Chapelle !

Donc les échappés ont fui la bagarre avant midi.

Du reste, certains groupes quittèrent la partie bien avant cette heure. Ainsi le bataillon de zouaves et la fraction de turcos partirent de 10 heures à 11 heures, au moment de l'arrivée du XIe corps à Fleigneux. En effet, l'*Historique du 3e tirailleurs algériens* constate que les échappés « suivirent, *le matin d'assez bonne heure*, le mouvement du 3e zouaves et du 56e de ligne *vers la frontière belge, par la route de Bouillon* [2] ».

Quant à la cavalerie, elle avait précédé l'infanterie ; dès 10 heures, elle avait décampé de toute la vitesse de ses chevaux, toujours par la route de Bouillon. Lisons, d'abord, l'ouvrage officiel prussien : « Sur ces entrefaites, les trois brigades de la division de cavalerie de la Garde s'étaient rassemblées à l'ouest de Villers-Cernay, derrière le mamelon 1023. Elles avaient commencé par détacher de là le 5e escadron du 1er régiment de uhlans vers le bois du Petit-Terme (au nord de Givonne) pour constater *ce qu'il en était des escadrons français qui, depuis 10 heures du matin, avaient quitté leurs emplacements auprès d'Illy* pour se dérober aux projectiles de l'artillerie de la Garde, en remontant au nord (du côté d'Olly). Le lieutenant de Wackerbarth conduisait le peloton d'avant-garde ; il rencontrait, en grand nombre, des hommes débandés, en capturait 90 et s'emparait, en outre, d'un canon abandonné ; *quant à la cavalerie ennemie, on n'en voyait plus trace ;* l'escadron rejoignait alors sa division. Entre temps, *à 11 heures*, le commandant de la division, lieutenant-général comte

---

1. *La Guerre franco-allemande*, 1re partie, p. 1158.
2. *Historique du 3e tirailleurs algériens*, p 340.

de Goltz, avait reçu du prince Auguste de Wurtemberg l'ordre de marcher sur Illy et s'était mis sur-le-champ en mouvement dans cette direction, avec ses trois brigades. *A midi,* la tête de colonne traversait la vallée auprès de la Givonne[1]. »

L'*Historique du 10ᵉ hussards* (pour le 6ᵉ lanciers) reconnaît que le conseil de guerre, tenu par les généraux de cavalerie après qu'on eut été *cerné,* a eu lieu *à 11 heures,* dans les chemins de forêt menant en Belgique, et que l'on décida la retraite[2].

On peut lire également, dans l'*Historique du 11ᵉ chasseurs à cheval,* toutes les marches, contre-marches, arrêts que fit le régiment avant de gagner la forêt de Daigny (les bois des environs de La Chapelle). Il était alors « près d'une heure[3] » ; les chasseurs étaient, par conséquent, partis d'Illy au plus tard à 11 heures.

Tous les fuyards qui gagnèrent Mézières, cavalerie sous les ordres du général Michel, lignards, zouaves, turcos, artilleurs[4], « s'accordaient pour affirmer qu'une grande bataille avait été livrée le matin et que, *dès 9 heures,* elle semblait perdue[5] ». Donc, ils n'avaient pas dû quitter la partie longtemps après cette dernière heure.

Le colonel Rousset déclare que la division de cavalerie Michel

1. *La Guerre franco-allemande,* 1ʳᵉ partie, p. 1136 et 1137. — Les deux escadrons du 13ᵉ hussards (allemand), « à partir *de 10 heures,* eurent un rôle très effacé. Dans leur progression vers l'est, à mesure que se développait la ligne d'artillerie, ces escadrons ne furent pas sans apercevoir se profiler, sur la longue croupe de Fleigneux (entre Illy et Olly), les fractions françaises qui, se dérobant à l'étreinte, cherchaient à gagner les bois limitrophes de la frontière belge (les chemins traversant ces bois du sud-ouest au nord-est); *plus tard, vers 11 heures,* c'étaient des escadrons *entiers de la cavalerie ennemie* (française) *qui, filant par le couloir de la Givonne,* esquivaient la captivité finale ; ces derniers, en particulier, furent signalés par les vedettes du 14ᵉ hussards qui accompagnait le 13ᵉ. A ce moment, la cavalerie prussienne, *massée auprès de Fleigneux,* comptait dix escadrons, l'infanterie vingt-quatre compagnies ». (Capitaine Grange, *Journal des sciences militaires,* numéro de février 1903, p. 244.)

2. *Historique du 10ᵉ hussards,* d'après les archives historiques du ministère de la guerre, les archives du corps et autres documents recueillis par E. Simon, lieutenant-colonel du 10ᵉ hussards ; septembre 1898 ; p. 77. Inédit. Manuscrit des archives du ministère de la guerre.

3. *Historique du 11ᵉ régiment de chasseurs,* par le lieutenant-colonel Le Moine de Margon ; Vesoul, 1896 ; p. 260.

4. Général Vinoy, p. 54.

5. *Ibid.,* p. 55.

dut se replier *vers le nord* (par la route de Bouillon). « Il était
tout près de 9 heures[1]. »

En tous cas, il y a unanimité, chez les historiens et les militaires,
sauf les exceptions dont nous allons nous occuper, pour reconnaître qu'à midi le cercle était fermé, que l'armée française était
complètement entourée.

« Un escadron (de la cavalerie de la Garde) traversait les bois
(par la route forestière du Lazaret) et venait, le premier, près du
moulin d'Olly, donner la main aux troupes de la IIIᵉ armée. Ainsi,
vers midi, tout le cours de la Givonne était au pouvoir de l'armée
de la Meuse[2]. »

« *Avant midi,* la jonction de l'aile gauche de la IIIᵉ armée était
faite avec la cavalerie de la Garde. *Le cercle était fermé ;* cependant la soudure était encore faible entre Givonne et Fleigneux ;
mais les Français ne faisant rien pour la rompre, les Allemands
purent facilement la renforcer, d'une part, par une division de la
Garde, de l'autre, par une division du Vᵉ corps, qui s'avançait
rapidement par Saint-Menges[3]. »

Donc, dès 9 heures, du côté d'Illy et de Givonne, le mouvement
des fuyards avait commencé. Il avait cessé avant midi par la prise
de La Chapelle, par l'occupation de la route de Bouillon, par la
jonction de l'armée de la Meuse avec celle du Prince Royal.

Donc, aussi, certains historiques de régiment en ont pris trop
à leur aise avec la vérité des faits lorsqu'ils ont voulu nous faire
croire que leurs échappés étaient partis après avoir combattu à
outrance jusqu'bien avant dans la journée. On sait que la ligne a
été fermée au plus tard à midi ; or, voici, par exemple, l'*Historique du 7ᵉ chasseurs à cheval* où l'on lit : « Le 1ᵉʳ septembre, sur le
plateau d'Illy, le régiment prend une large part aux vains efforts
que fait la cavalerie pour empêcher l'aile gauche de l'armée d'être
enveloppée. Plusieurs fois engagé, le 7ᵉ chasseurs, *décimé,* continue à lutter ; *le 1ᵉʳ escadron est tombé sous les coups de l'ennemi*

1. Colonel Rousset, t. II, p. 317. — Nous savons, de source sûre, que le général
Michel a reconnu, par écrit, avoir passé par la Belgique avec ses escadrons

2. Colonel Rousset, t. II, p. 319. — *Histoire militaire contemporaine,* par le général
Canonge, t. II, p. 123

3. Colonel Grouard, p. 123.

et le 5ᵉ est presque complètement détruit. A 4 heures du soir, il est encore sur le champ de bataille : un officier a été tué et le régiment est séparé de l'armée. *Cerné de toutes parts,* criblé par le feu de l'ennemi, *il passe en Belgique, en ressort 20 minutes après* et, ayant pu ainsi éviter d'être pris, va passer la nuit à Schevat (Sécheval). Le 2, il est à Rocroi [1]. »

A 4 heures du soir, ce fougueux 7ᵉ chasseurs était toujours dans le fournaise ! Le 1ᵉʳ escadron est tombé sous les coups de l'ennemi ! Le 5ᵉ est presque complètement détruit ! Eh bien, quand on se reporte à l'état officiel des pertes en officiers, on découvre que cette hécatombe a coûté au régiment tout entier deux officiers blessés pour la journée entière du 1ᵉʳ septembre [2] ! Et puis, par où aurait-il passé à 4 heures du soir ? Sur le ventre de la Garde royale ?.... Non, il faut faire attention quand on écrit l'histoire, même l'histoire *ad majorem legionis gloriam* et ne pas se rendre ridicule.

Au surplus, la meilleure preuve, que les régiments sauvés du feu ne sont pas restés longtemps exposés à la mitraille, est fournie par leurs états de pertes. Et il ne faut pas oublier que plusieurs d'entre eux ne sont pas entrés tout entiers en Belgique et que ce sont les officiers commandant les fractions faites prisonnières qui ont été mis hors de combat.

Ainsi, le 3ᵉ tirailleurs algériens, dont une partie est restée jusqu'à la fin sur le champ de bataille, a eu 3 officiers tués et 2 blessés. Le 3ᵉ zouaves, dont un seul bataillon avait déguerpi, a compté 3 officiers blessés. Le 56ᵉ de ligne n'a eu ni un officier tué ni un officier blessé. Le 6ᵉ lanciers et le 7ᵉ chasseurs à cheval, celui qui s'est battu jusqu'à 4 heures, qui a été anéanti, enregistrent chacun 2 officiers blessés. Le 11ᵉ chasseurs à cheval n'a que 3 officiers blessés. Enfin, le 12ᵉ chasseurs à cheval, comme le 56ᵉ de ligne, ne perd aucun officier, même blessé légèrement [3] !

---

1. *Historique du 7ᵉ régiment de chasseurs.* Manuscrit des archives du ministère de la guerre ; p. 101. Au-dessous du titre est écrit, au crayon : Présumé rédigé par le capitaine Stoffels.

2. *Guerre de 1870-1871. État nominatif, par affaires et par corps, des officiers tués ou blessés dans la première partie de la campagne,* par A. Martinien. Paris, Chapelot, 1902 ; p. 121. Publié sous la direction de la section historique de l'état-major de l'armée.

3. *Ibid.,* p. 113, 118, 120 et 121.

On avouera que la bataille, pour eux, n'a pas été terrible, tandis que, notamment, le 31ᵉ de ligne comptait 21 officiers tués et blessés ; le 3ᵉ régiment d'infanterie de marine, même chiffre ; le 37ᵉ de ligne, 22 ; le 49ᵉ même chiffre ; le 4ᵉ régiment d'infanterie de marine, 25 ; le 1ᵉʳ de la même arme, 29 ; le 53ᵉ de ligne, 32 ; le 89ᵉ, 36 [1] !

Enfin, les troupes sauvées sont parvenues à Mézières, à Renwez, dans la soirée et dans la nuit ; certains groupes poussèrent même jusqu'à Rocroi, qui est à 16 kilomètres au nord-ouest de Renwez. Mais laissons ces derniers échappés, ne nous occupons que de ceux qui gagnèrent Mézières et Renwez. D'Illy à Mézières, par La Chapelle, la traverse menant à Corbion, par Sugny, Gespunsard, Neufmanil, Nouzon, il faut compter 52 kilomètres au moins. D'Illy à Renwez, par le même chemin, c'est une course de 58 kilomètres.

Or, pour des troupes en haleine depuis 4 heures du matin et qui ont 13 et 15 lieues à faire, 5 kilomètres à l'heure est bien marcher. Acceptant ce chiffre, nous trouvons qu'il a fallu, sans arrêt, sans repos, 11 heures pour les premiers groupes, ceux de Mézières, 12 heures pour les seconds, ceux de Renwez, si des fantassins ont suivi la même route que le 12ᵉ chasseurs à cheval [2].

Alors, les échappés, arrivés à Mézières, dans la soirée, sont partis avant midi, à 9 et 10 heures du matin, selon nous, puisque le général Vinoy semble dire qu'ils sont entrés à Mézières avant la chute du jour ou, tout au moins, peu de temps après le coucher du soleil [3].

Il reste à démontrer les deux dernières propositions ; nous le ferons du même coup.

Les dissidents ont pris la route du Nord, celle de Bouillon, et non les chemins de l'ouest.

Ils ont gagné la Belgique et c'est par une route belge qu'ils sont rentrés en France.

---

1. Martinien, p. 109, 110, 111, 115, 126, 127 et 128.

2. Des fantassins sont parvenus à Rocroi, mais le 2 septembre seulement. (Voir l'*Historique du 3ᵉ zouaves*.)

3. Général Vinoy, p. 54 et 55.

Nous avons déjà donné, sur ce point, l'opinion du général interrogé par M. Félix Bouvier et celle du général Canonge [1].

Quant aux Allemands, ils ne s'étendent pas sur l'incident ; le récit officiel prussien ne fait que le signaler [2].

Borbstaedt est un peu plus explicite ; voici comment il le relate : « On distinguait, de l'autre côté du fond de Givonne, de grosses masses de cavalerie et de nombreux convois, qui offraient à l'artillerie de la Garde d'excellents objectifs ; mais à peine les premiers obus avaient-ils éclaté au milieu des cavaliers et des voitures, que cette masse s'enfuyait à la débandade dans toutes les directions, laissant partout, sur son passage, les traces d'une effroyable panique [3]. » Et Borbstaedt ajoute en note : « D'après les relations françaises, la brigade Septeuil, appartenant à la division de cavalerie du 1er corps, et une batterie à cheval disparurent du champ de bataille, *dans la matinée et s'enfuirent vers la frontière belge.* Mais il paraît beaucoup plus vraisemblable de supposer que c'est cette brigade qui a été mise en déroute par les obus, à Givonne, et qui, *prenant ensuite la route de Belgique, au nord de Givonne* (la route de Bouillon), continua sans interruption son mouvement le long de la vallée. Le 3e régiment de zouaves, faisant partie de la brigade Fraboulet, de la 4e division d'infanterie du 1er corps, *s'enfuit également vers la Belgique.* Après un violent combat sur la rive gauche du ruisseau de la Givonne et après avoir été refoulé avec de fortes pertes sur ce village, le régiment (le 3e bataillon) *prit la route de Sedan* (la route impériale de Sedan à Bouillon) *et franchit la frontière ;* mais alors, échappant au cordon des troupes belges, il gagnait Rocroi d'abord et, plus tard, Paris [4]. »

Du côté français, commençons par les déclarations des acteurs eux-mêmes, des échappés de Sedan et, parmi eux, *à tout seigneur tout honneur,* citons d'abord l'*Historique du 7e chasseurs,* régiment qui a percé, avec une vigueur surprenante, des ennemis absents.

---

1. Voir *suprà,* p. 85 à 87.
2. *La Guerre franco-allemande,* 1re partie, p. 1136.
3. Borbstaedt, p. 666.
4. *Ibid.,* p. 666, en note.

« A 4 heures (on sait ce qu'il faut penser de cette fanfaronnade), le régiment est encore sur le champ de bataille ; 1 officier a été tué (erreur, ce jour-là le 7e chasseurs n'a pas eu d'officier tué[1]) et le régiment est séparé de l'armée. Cerné de toutes parts, *il passe en Belgique,* en ressort 20 minutes après (non, même à cheval, pour aller des environs de Bouillon à Pussemange, 16 kilomètres au minimum, il faut plus d'une heure, 2 heures, à notre avis, en raison de l'encombrement et de l'étroitesse du chemin longeant la frontière française), et, ayant pu, ainsi, éviter d'être pris, va passer la nuit à Schevat (Sécheval). Le 2, il est à Rocroi[2]. »

De cet historique il résulte que le régiment *est entré en Belgique,* qu'il a donc *pris les routes du nord* et ne s'est pas « échappé par l'ouest[3] ».

Le 12e chasseurs, parti d'Illy, a pu difficilement atteindre la pointe méridionale du bois du Petit-Terme, au nord de Givonne. « Le colonel de Tucé sort du ravin (formé par le ruisseau du Pré-Pelletier) par le seul et unique chemin (la route de Bouillon), *gagne la route frontière, traverse au trot un coin du territoire belge* (16 kilomètres), par le village de Puttelange (de Pussemange) et se rejette brusquement à gauche sur la France, où il arrive au village de Renwez (sur la rive gauche de la Meuse, à 4 lieues de Rocroi) à 6 heures du soir[4]. »

Là, encore, le régiment est entré en Belgique, a pris la route du nord et ne s'est pas « échappé par l'ouest ».

Le 11e chasseurs est aussi à Illy. « Les 3e hussards et 11e chasseurs se portent en avant des lanciers et des cuirassiers. Mais la brigade (de Septeuil) est arrêtée après ce premier mouvement ; elle remonte, *vers l'est,* le plateau d'Illy, contourne ce village et se dirige *vers le nord,* sous la pluie de projectiles que les batteries prussiennes de Fleigneux et de Givonne peuvent détourner de l'action principale sur Sedan. La cavalerie arrive enfin à Illy (à Olly) où un pont étroit lui permet de traverser le ruisseau de Givonne (la Givonne passe à Olly et non à Illy où ne coule aucun

---

1. Martinien, p. 121.
2. *Historique du 7e chasseurs,* p. 101.
3. *Revue de cavalerie,* numéro de février 1903, p. 588, note 2.
4. *Historique du 12e chasseurs,* p. 346.

filet d'eau). Le 7e chasseurs, qui a déjà franchi ce ruisseau *un peu au-dessus d'Olly*, défile en ce moment *vers la droite* (vers la route de Bouillon) et oblige la brigade Septeuil à s'arrêter et à attendre la fin de son passage pour continuer sa route.

« C'est alors que le général Septeuil, croyant pouvoir être suivi par sa brigade, ne s'arrête pas, se met dans les rangs du 7e chasseurs et ne reparaît plus. (Le 7e chasseurs et le général de Septeuil se sont éclipsés les premiers.) Le 11e chasseurs passe enfin le pont, mais, menacé sur sa droite *par l'infanterie* et l'artillerie prussiennes (Garde royale), il prend, à gauche, un autre chemin qui paraît libre mais que des artilleurs français déclarent gardé par des Prussiens. Comme on l'en avait prévenu, le 11e chasseurs est en effet accueilli par une vive fusillade ; 2 officiers sont blessés...

« *Il est près d'une heure* quand la brigade Septeuil arrive dans la forêt de Daigny (arrive au nord-est du bois du Petit-Terme). Quelques centaines de mètres avant la frontière de Belgique (quelques mètres après la frontière) elle tourne à gauche et rencontre, peu après, les généraux Michel et Nansouty. Ils sont suivis des débris de leurs brigades. Le général Michel reprend alors le commandement de sa division et se dirige sur Charleville, où il arrive à 6 heures du soir[1]. »

Bien que le rédacteur ne dise pas nettement que le régiment a passé par la Belgique, comme il a suivi le 7e chasseurs qui, lui, reconnaît avoir dépassé la frontière, comme il n'y a pas d'autre route, il a pris celle de Bouillon. En tous cas, il ne s'est pas « échappé par l'ouest ».

Le 6e lanciers formait, avec le 2e, la brigade Nansouty.

« A 9 heures, le général Michel fait descendre la division dans le fond de Givonne, la porte sur le plateau situé au delà, puis dans le ravin de la Garenne et, enfin, sur le plateau d'Illy. Mais, en y arrivant, les têtes de colonnes sont assaillies par une grêle de projectiles venant de la rive gauche de la Meuse ; la division fait demi-tour, se dirige sur Illy, mais, assaillie de nouveau par un feu épouvantable, elle se jette dans les bois où l'ennemi ne la suit pas (elle prend la route d'Olly et celle de Bouillon).

---

1. *Historique du 11e chasseurs.*

« *Il était 11 heures;* le général réunit un conseil de guerre ; on décida que, l'armée étant cernée et la bataille perdue, on chercherait à percer et à gagner Mézières, en longeant la frontière belge (la frontière française). Ce plan est exécuté par des sentiers à travers la forêt et le régiment arrive à Charleville à *6 heures du soir,* après avoir perdu une cinquantaine de chevaux. MM. Clerc, lieutenant, et Fromageot, sous-lieutenant, sont faits prisonniers (soit dans le mouvement sur La Chapelle, soit par les Belges). La division se remet en marche à 8 heures du soir ; elle est réduite à 250 chevaux du 2ᵉ lanciers, un escadron du 6ᵉ, un du 10ᵉ dragons et les débris du 3ᵉ hussards et du 11ᵉ chasseurs [1]. »

C'est donc encore par la Belgique, c'est-à-dire par le nord, que le 6ᵉ lanciers a quitté le champ de bataille, toujours par la route de Bouillon. Donc il ne s'est pas « échappé par l'ouest ».

Les fractions du 56ᵉ de ligne ont pris le même chemin.

« Avant d'arriver au Calvaire d'Illy, la colonne (2ᵉ et 3ᵉ bataillons) fut coupée par des escadrons de cavalerie traversant le plateau au galop sous le feu de l'ennemi ; le 2ᵉ bataillon continua sa marche vers Illy tandis que le 3ᵉ bataillon, sous le commandement d'un capitaine, se dirigeait vers Givonne. Dans Givonne (au nord de Givonne) ce bataillon rencontra de nouveau de la cavalerie (7ᵉ, 11ᵉ, 12ᵉ chasseurs à cheval, 6ᵉ lanciers) qui dispersa les compagnies en traversant la colonne dans toute sa longueur. *Il fut ainsi rejeté sur la route de Bouillon* et, ayant été coupé du champ de bataille par le mouvement tournant des Prussiens, il se dirigea par portions séparées, sur Mézières, qu'*il atteignit dans la soirée* [2]. »

Le général Canonge nous a déclaré que le 56ᵉ de ligne avait pris la route de Bouillon et avait suivi pendant quelque temps le territoire belge. Donc il ne s'est pas « échappé par l'ouest ».

Prenons le 3ᵉ tirailleurs algériens.

« Le capitaine adjudant-major Chevreuil, le lieutenant Carré de Busserolle et le sous-lieutenant Mustapha-ben-el-Hadj-Otman avaient disparu ainsi que les deux compagnies *envoyées en soutien de la cavalerie.* On sut, plus tard, que cette fraction du régiment

1. *Historique du 10ᵉ hussards,* p. 76 et 77.
2. *Historique du 56ᵉ de ligne,* p. 44 et 45.

avait, *le matin, d'assez bonne heure,* suivi le mouvement d'une partie du 3ᵉ zouaves et du 56ᵉ de ligne *vers la frontière belge* et, *par la route de Bouillon,* encore libre, gagné Mézières, où elle s'était ralliée aux troupes du général Vinoy[1]. »

Cet historique ne farde pas la vérité. Il reconnaît que les fractions du 3ᵉ turcos, du 3ᵉ zouaves et du 56ᵉ de ligne sont parties *le matin d'assez bonne heure* et qu'elles ont *pris la route de Bouillon.* Donc les tirailleurs algériens ne se sont pas « échappés par l'ouest ».

On a remarqué, plus haut, que le 3ᵉ régiment de zouaves se divisa en deux portions. La première (commandant Hervé), après l'arrivée de la Garde à Givonne, rejoignit les combattants de la division L'hériller, dans la direction du bois de la Garenne[2]. « L'autre portion (colonel Méric), comprenant 17 officiers et 423 zouaves, franchit les lignes prussiennes à Fleigneux (non, elle ne franchit rien à Fleigneux mais traversa prosaïquement Olly, puis la route du Lazaret ou gagna tout de suite la route de Bouillon), longe la frontière belge (la frontière française) et marche toute la nuit du 1ᵉʳ au 2 septembre sous une pluie battante. Elle suit les chemins détrempés de la forêt de Rocroi (des bois au sud-est de Rocroi) et atteint cette place le 2 septembre à minuit[3]. »

Nous disons que le bataillon du 3ᵉ zouaves ne franchit pas les lignes prussiennes : il ne perça pas, il se retira avant la fermeture du cercle. « Les troupes sorties du champ de bataille, a affirmé le général Canonge, *ont traversé un espace complètement libre*[4]. » Ce bataillon n'a pas passé par Fleigneux mais par Olly ou contourné la partie méridionale du bois du Petit-Terme pour aller joindre la route de Bouillon. En effet, le général Canonge nous apprend encore que les zouaves ont suivi « la route de Bouillon[5] ». Ils n'ont par conséquent pas passé par Fleigneux ni pris le chemin de Sugny qui, du reste, les aurait également conduits en Belgique.

Au surplus, qu'on se rappelle le passage de l'*Historique du 3ᵉ*

---

1. *Historique du 3ᵉ tirailleurs algériens,* p. 340.
2. *Historique du 3ᵉ zouaves,* p. 163.
3. *Ibid.*
4. *Histoire militaire contemporaine,* par le général Canonge, t. II, p. 223, note 3.
5. *Ibid.*

tirailleurs algériens : La fraction échappée « avait, *le matin, d'assez bonne heure suivi le mouvement d'une partie du 3ᵉ zouaves et du 56ᵉ* de ligne vers la frontière belge et, *par la route de Bouillon, encore libre,* gagné Mézières [1] ».

Ducrot, lui-même, avoue que les zouaves n'ont pas quitté le combat par les chemins de l'ouest, par les chemins mythiques de MM. Debord, Coustis de la Rivière, Guèze et Gendron, puisqu'il a écrit : « Une grosse fraction du 3ᵉ zouaves, n'ayant pas reçu l'ordre de discontinuer le mouvement de retraite ordonné par le général Ducrot, poursuivit sa marche vers le nord (par la route de Bouillon) et arriva, par les bois, à Rocroi (après avoir traversé le territoire belge) [2]. »

Terminons par le passage suivant d'une lettre du général Thornton, l'un des échappés, passage reproduit par notre ami H. Roger de Beauvoir dans son livre *Nos généraux :*

« Le jour de la bataille de Sedan (1ᵉʳ septembre), dans le grand désarroi de cette fatale journée, le 7ᵉ régiment de chasseurs, que le colonel Thornton commandait, fut séparé de la division, oublié sur le terrain accidenté où il opérait et d'où l'on ne pouvait suivre les mouvements de nos troupes. Ainsi abandonné, isolé, livré à lui-même, au milieu des corps ennemis qui surgissaient à chaque bouquet de bois, à l'angle de toutes les routes, le colonel Thornton, dans cette position désespérée, réussit néanmoins à soustraire la grande partie de son régiment à l'armée allemande victorieuse et *à atteindre la frontière belge* [3] ; il put gagner Rocroi

---

1. *Historique du 3ᵉ tirailleurs algériens*, p. 340. — « A ce moment (vers 11 heures), la cavalerie prussienne, *massée auprès de Fleigneux*, comptait dix escadrons, l'infanterie vingt-quatre compagnies. » (Capitaine Grange, *Journal des sciences militaires*, numéro de février 1903, p. 244.)

2. *La Journée de Sedan*, par le général Ducrot, p. 44, note 1. — « Nous pourrions expliquer parfaitement, malgré certain rapport, la marche du 3ᵉ zouaves. Nous ne le ferons pas par des considérations dont nous croyons inutile de parler. Mais, si besoin est, nous sommes en mesure de dire ce qui eut lieu, comment, pourquoi et par où passèrent les quelques compagnies de ce régiment. Nous avons, entre les mains, les documents nécessaires à l'établissement du fait dont, au reste, on ne saurait rien conclure, attendu que, là où passe une petite troupe ne passe pas une armée. » (*Le général de Wimpffen*, par un officier supérieur, p. 53.)

3. « Il était 4 heures environ quand le colonel Thornton *parvint sur le territoire neutre*. On n'entendait aucune détonation d'artillerie ni de mousqueterie, pas plus du côté de Sedan que dans les bois environnants. »

et, de là, télégraphier au ministre de la guerre qui lui donna l'ordre de partir pour Saint-Quentin [1]. »

Maintenant, après toutes ces déclarations, après tous ces témoignages, rien de plus aisé que de tracer le parcours de tous les échappés de Sedan [2].

Partis de Givonne et d'Illy entre 10 heures et midi, ils ont, tous, gagné la route impériale menant à Bouillon, les uns, directement, au sortir de Givonne, les autres, par Olly, en empruntant la route du Lazaret. Tous ont passé par La Chapelle et ont continué ainsi vers le nord-est pendant trois kilomètres environ, jusqu'à un chemin d'intérêt commun qui monte brusquement au nord. Là, quelques-uns n'ont pas quitté la route impériale et se sont dirigés droit sur Bouillon ; ce sont surtout ceux-là qui ont été désarmés par les Belges. Les autres, le plus grand nombre, ont enfilé le petit chemin d'intérêt commun se dirigeant vers le nord, à travers bois, franchissant, sur un petit pont, le ruisseau de la Bonne-Fontaine, et arrivant, juste à la frontière, à un chemin vicinal ordinaire, quand ce chemin tourne à l'ouest, vers Corbion, sur le territoire belge. Les fugitifs l'ont suivi, pendant deux kilomètres, toujours à travers bois, longeant ainsi étroitement le côté nord de la frontière, en terre non française, puis ont abandonné cette frontière pour entrer plus avant dans la zone neutre, poussant droit sur Corbion, au nord-ouest, et laissant à leur gauche le château Cabiche.

Après avoir été très bien reçus et restaurés par les habitants de Corbion, ils se sont remis en marche, encore par le chemin vicinal ordinaire, ont touché la frontière française, sans la dépasser, au Moulin-Joli, l'ont longée de nouveau à 10, 50, 200, 500 mètres de distance, au milieu des bois, pendant une lieue et demie. C'est alors qu'ils se sont tout à fait éloignés de la France afin d'at-

---

1. H. Roger de Beauvoir, *Nos généraux*, 1871-1884. Paris, Berger-Levrault et Cie, 1885; p. 481 et 482. — Ce passage est extrait d'une lettre du général Thornton ; en effet, dans une lettre à nous adressée, le 27 mars 1903, par Roger de Beauvoir, on lit : « Dans la correspondance du général Thornton, je trouve le passage suivant qui peut vous être utile. » Suit la citation que nous venons de donner sans la discuter.

2. Pour suivre cet itinéraire, prendre la *Carte de France dressée par ordre du ministre de l'intérieur*. Librairie Hachette et Cie. Feuilles Hautes-Rivières et Mézières. — Cette carte est excellente et bien plus facile à lire que celle de l'État-major.

teindre le village de Sugny. Deuxième halte. Mais ils repartent bientôt pour gagner le petit village de Pussemange, par le chemin vicinal ordinaire, coupant la forêt dans laquelle ils sont rentrés, un millier de mètres après avoir quitté Sugny. Pussemange se trouve à 200 mètres de la frontière française, exactement à deux lieues au nord de Vrigne-aux-Bois. Un excellent chemin de grande communication relie Pussemange à Gespunsart, gros village français ; en dix minutes ils pénètrent en France, par cette voie, gagnent Rogissart et Gespunsart. Troisième halte : ils respirent.

Mais, bien que le grondement de la canonnade ait cessé depuis longtemps, il faut se remettre en marche si l'on ne veut pas être pris par les vainqueurs. Ils sortent des bois et, toujours par le même chemin de grande communication, côtoyant la partie septentrionale du bois de la Grandville, ils descendent la vallée au fond de laquelle coule le ruisseau de la Goulette et arrivent à Neufmanil où le parc d'artillerie du 5e corps est passé le matin. Marchant entre le bois de Gesly, à gauche, le ruisseau de la Goulette, à droite, ils parviennent à Nouzon et franchissent la Meuse sur le pont de ce village.

Alors, les échappés, qui n'ont pas suivi cet itinéraire en troupe compacte mais en bandes plus ou moins denses, se divisent : les uns obliquent au sud, vers Mézières, garantis sur leur gauche par la Meuse, et contournent, par un chemin de grande communication conduisant à Charleville, le bois de la Havetière ; ils traversent ainsi La Forêt, Le Fossé-la-Culbute, Saint-Mont, le Moulinet, Charleville et entrent dans Mézières.

Les autres, en quittant Nouzon, prennent le chemin d'intérêt commun menant, par les bois, au chemin de grande communication de Charleville à Monthermé. A l'embranchement des deux voies, subdivision des fugitifs. Partie enfile le chemin de grande communication par le nord, partie s'y engage par le sud. Les premiers, après un parcours de près d'une lieue, obliquent brusquement à l'ouest, au moyen d'un chemin vicinal ordinaire, tracé entre les bois de Lort et des Houdelimonts, qui les conduit encore à un chemin de grande communication allant à Sécheval et non à Schevat, comme l'écrit l'historique du 7ᵉ régiment de chasseurs [1]. Exténués, ils y passent la nuit. Les seconds, qui avaient pris la direction du sud, tournent bientôt à droite, par le chemin d'intérêt commun conduisant à Arreux et gagnent Montcornet, après avoir franchi, sur un pont, le ruisseau du Fond-d'Arreux. Un dernier effort et ils atteignent Renwez où, plus morts que vifs, ils entrent à 6 heures du soir.

On saisit parfaitement, maintenant, que « tout ce qui s'est échappé, s'est échappé par l'ouest [2] », mais après avoir d'abord pris les routes du nord, du nord-est, de l'est. C'est à partir de leur entrée en Belgique qu'ils ont marché et galopé vers l'ouest, foulant le territoire neutre durant plus de 16 kilomètres. Après Gespunsart, ils ont pris également, en France, les chemins de l'ouest, c'est-à-dire, après avoir laissé au sud-est les bois de la Falizette et du Grand-Canton. Ils ne les ont donc jamais traversés, ils ont passé au-dessus, par le nord, quand ils se trouvaient en Belgique, à Sugny. Aucun des échappés n'a vu, dans sa fuite, les fourrés de ces deux bois.

Nous regrettons d'avoir été si long, d'être entré dans de si minutieux détails, mais il fallait que cette question du chemin parcouru par les échappés de Sedan fût élucidée comme les autres.

Voilà, par conséquent, selon l'expression même de notre honorable ami, cette « lutte si âpre [3] » terminée. Nous avons conscience de l'avoir conduite avec autant de courtoisie que de vigueur, et notre affection, notre estime pour la réelle valeur militaire de notre adversaire — quand le général Ducrot n'est point en jeu — n'en ont été en rien altérées, diminuées : nous le considérons toujours comme un des meilleurs officiers de notre armée, comme un des meilleurs camarades dont on ait la bonne fortune de serrer la main. Au lendemain du jour où le malheur

---

1. P. 101.
2. *Revue de cavalerie,* numéro de février 1903, p. 5°8.
3. *Ibid.,* numéro de janvier 1903, p. 403.

s'est abattu si cruellement sur lui, nous aurions été désolé de laisser échapper, dans l'entraînement de la bataille, un mot qui pût le froisser.

Après une discussion si serrée, si approfondie, après toutes les concessions faites par nous à nos adversaires : en distances, situations de troupes, heures, notamment en ce qui concerne l'ordre de retraite sur Mézières par Ducrot que nous avons accepté comme ayant été donné à 8 heures du matin, et en ce qui concerne l'arrivée des XIᵉ et Vᵉ corps à Saint-Menges et à Fleigneux à 8 heures et demie, 9 et 10 heures du matin, concessions qui n'ont changé en rien nos précédentes conclusions, après toutes les preuves, amoncelées contre les étranges propositions d'Y. K., en faveur de notre thèse, il n'est peut-être pas de mauvais goût de croire que le différend est vidé. Sans doute, il sera possible de trouver, de part et d'autre, quelques petites inexactitudes de fait ou de raisonnement, mais les grandes lignes de la question ont été si nettement tracées, l'examen des lieux, des mouvements de troupes, des heures a été si méticuleux, si complet que chacun doit avoir son opinion faite.

Soutenir, aujourd'hui, que l'armée française avait la possibilité de se retirer vers Mézières, le 1ᵉʳ septembre 1870, à 9 heures du matin, dépasserait la limite du permis dans la fantaisie stratégique et ne relèverait plus de la critique historique.

Que nombre de personnes, militaires ou civiles, aient été convaincues, jusqu'à ces dernières polémiques, que le général Ducrot avait eu raison d'arrêter le succès de Lebrun, à 8 heures du matin, il ne faut point s'en étonner, étant donné l'aplomb avec lequel l'aveugle et l'indifférent de Wissembourg, l'entêté de Sedan, l'incapable de Champigny, le coupable de Buzenval avait affirmé que deux et deux faisaient cinq, que la route de Mézières était demeurée libre jusqu'à 11 heures du matin, qu'il avait lancé l'ordre de retraite à 7 heures et demie, qu'il aurait gagné la bataille si Wimpffen n'avait pas arrêté un mouvement se présentant dans les meilleures conditions. Mais persister dans pareille hérésie tactique lorsque toutes les pièces de ce passionnant procès ont été placées sous les yeux du juge, c'est-à-dire du public instruit et intelligent, serait faire montre d'obstination regrettable

*

et nous ne saurions trop le déplorer pour notre chère armée, pour notre beau pays de France.

Heureusement, il en sera de *La Retraite sur Mézières* comme de *La Légende de Magenta*, que nous avons eu tant de peine à déraciner : le vrai finira par sortir, triomphant, des brouillards et des nuages de l'erreur.

Fiat lux !

Alfred Duquet.

6 avril 1903.

POST-SCRIPTUM

Depuis que ces pages ont été écrites, nous sommes retourné à Sedan et avons, de nouveau, visité le champ de bataille, avec les camarades de *La Plume et l'Épée,* le 24 mai 1903. Le général Canonge, notre président, arrivé de la veille, a fait une reconnaissance du bois de la Falizette et nous a déclaré que les *bons chemins,* à lui signalés par MM. Coustis de la Rivière, Guèze et Gendron, existaient dans ces bois. Ses chaussures couvertes de boue, saupoudrée de poussière, témoignaient éloquemment de son passage dans les parties basses et dans les parties hautes de la Falizette.

Nous avons demandé à voir ces *bons chemins.* Satisfaction nous fut donnée. Or, ce sont des chemins *ruraux,* ainsi que les qualifie la carte de France du ministère de l'intérieur, passages ne valant pas, d'après cette carte, des *chemins vicinaux ordinaires.* Ce sont bien ceux que nous avons décrits dans notre *Retraite à Sedan :* Allant de l'est à l'ouest, « à part la route de Vrigne-aux-Bois, il n'y a, dans la contrée, que des chemins d'exploitation souvent mal entretenus, d'une largeur de 2ᵐ,50 et de 3 mètres en de rares passages, de longueurs fort différentes, 10, 20, 50, 100, 200 mètres, selon les besoins. Quelques-uns, deux ou trois, de pareille largeur, aussi mal entretenus, vont rejoindre de petites routes menant en Belgique, du côté de Sugny... D'après la carte actuelle de l'état-major, le chemin de Saint-Menges à Bosséval, chemin étroit, *impraticable pour la plupart des voitures,* se prolonge dans les mêmes conditions jusqu'à Mézières, par Le May, Gernelle, Saint-Laurent, Le Pheu, hameaux qu'il traverse. Seulement, nous faisons remarquer que ce mauvais chemin, de 2ᵐ,50 à 3 mètres de large, au pouvoir des Allemands vers 7 heures du matin, se trouvait sous le coup de la canonnade et de la mousqueterie de Montimont, de Gernelle et d'Issancourt. Quant à la viabilité de ce chemin (et des autres établis dans le bois pour l'exploitation) nous devons constater que, *s'il est tracé de Bosséval à Saint-Menges, il nous a été impossible d'y engager notre voiture tant il est peu praticable;* force nous a été de revenir à Floing, par la Maison-Rouge et Saint-Albert[1]. »

Le 24 mai de cette année, par un temps sec, les chemins ruraux montrés par le général Canonge sont apparus comme impropres au défilé d'une armée. De quelle manière serait-on parvenu à faire écouler infanterie, cavalerie, artillerie par une voie rudimentaire, de la largeur d'une charrette, coupée de profondes ornières dans lesquelles de grosses pierres surgissaient de place en place, détrempée et noyée par les pluies, car, même le jour de notre visite, malgré le beau soleil, les larges mares croupissant sous bois empiétaient sur la piteuse voie, la changeant, par endroits, en marécage. Et qu'aurait-ce été si, au lieu des parties élevées, nous avions vu les parties basses de ce chemin, celles qui traversent les terrains bourbeux bordant le ruisseau qui descend, du nord, vers le défilé de Saint-Albert, après lequel il se jette dans la Meuse !

Le 1ᵉʳ septembre 1870, en raison des pluies des jours précédents, les fantassins, aventurés dans les chemins ruraux de la Falizette, y auraient laissé leurs chaussures dans la boue, les roues de la première voiture d'artillerie s'y seraient enfoncées jusqu'au moyeu. Mais, en temps sec, combien aurait-il fallu d'heures à un corps d'armée pour s'en servir? Trois hommes, chargés de leur sac, trouveraient seulement moyen d'y passer de front; or, il est

---

1. *La Retraite à Sedan*, p. 27 et 28. — Nous avons proposé au général Canonge de revenir à Sedan par Saint-Menges en prenant ces chemins. Il s'y est refusé énergiquement. Du reste, le cocher protestait avec indignation, s'écriant qu'il ne voulait pas casser les jambes de ses chevaux, briser ses roues et verser ses voyageurs dans les fourrés de ronces.

clair qu'au bout de cinq minutes, le soldat de droite, fatigué de
buter dans les ornières, aurait quitté son rang et se serait mis à
la suite du camarade marchant au milieu du pseudo-chemin ;
celui de gauche l'aurait imité, aurait emboîté le pas derrière lui :
c'eût été la file indienne immédiate ; il eût fallu un mois pour le
défilé de l'armée.

Un lieutenant de la garnison de Sedan et un très complaisant
journaliste de cette ville, ami de Roger de Beauvoir, qui connaissent à merveille la Falizette, mieux que M. Debord, nous disaient,
pendant le dîner du 23 mai, à l'hôtel de l'Europe, que l'idée de
faire échapper une troupe armée, par ce bois sans voies carrossables de l'est à l'ouest, leur paraissait inadmissible ; que jamais,
durant les manœuvres, ni artillerie, ni cavalerie, ni même infanterie ne s'y engageaient ; qu'une fois, deux compagnies avaient
essayé de traverser ledit bois, mais le chemin était si détestable
que le capitaine fut obligé de descendre de son cheval, de le faire
tenir par la bride et que la tentative ne fut pas renouvelée.

Sans doute, en y mettant des jours et des jours, en jetant des
ponts sur les ruisseaux, en enfonçant des pilotis dans les mares,
en coupant des branches, en les jetant en fagots dans les ornières,
il serait possible de transporter une armée à travers la Falizette
attendu qu'on ferait bien passer 100 000 hommes par une fenêtre,
seulement, encore une fois, une semaine serait nécessaire et,
dans cette opération, on ne devrait pas être inquiété, attaqué,
écrasé par le feu de l'ennemi. Ce n'était pas le cas de l'armée de
M. Ducrot qui, pour échapper à l'étreinte de ses adversaires,
était obligée de marcher sans arrêts, sans à-coups, de refouler
les XIe et Ve corps prussiens, ainsi que la division wurtembergeoise, de subir les volées d'obus que l'artillerie allemande lui
aurait envoyées de Montimont, de Bosséval.

Revenons à notre visite du terrain. Le général Canonge nous a
montré le pitoyable chemin de Saint-Menges à Bosséval et un
autre, aussi mauvais, — qui, du reste, ne coupe pas directement la
Falizette de l'est à l'ouest, attendu qu'il arrive du nord, — comme
étant les voies d'écoulement d'une armée ! Oui, nous devons exprimer le douloureux étonnement que nous avons éprouvé quand
l'auteur du *Traité d'art et d'histoire militaires*, sur les fascines

mêmes comblant les profondes ornières des chemins dans lesquels il a mis toutes ses complaisances, a déclaré que l'armée de Châlons aurait pu passer par là ! Oui, le général a admis des milliers de fantassins, de cavaliers, de voitures d'artillerie se pressant sur ces embryons de chemins réduits en bouillie par les averses continuelles des journées précédentes !

Que quelques hommes, quelques pièces soient arrivés, avec beaucoup de peine, à les suivre, c'est possible. Comme nous l'avons déjà écrit : « Nous ne contestons pas que *des détachements d'infanterie, même quelques canons aient pu prendre le chemin de Bosséval à Saint-Menges,* si étroit, si mauvais qu'il fût, pour aller se poster au sud de ce village et bombarder les troupes de Douay [1], puisque, durant le combat, les batteries passent bien à travers champs afin de prendre position, mais, où peuvent passer 500 hommes et deux batteries..... ne passera pas une armée de 100 000 hommes [2]. »

Il est évident que, si ces chemins avaient été *employables* pour la marche d'une armée, même d'une simple brigade, le général Kessler les aurait signalés dans sa notice, surtout après la prétention de Ducrot d'avoir pu s'en servir afin de gagner Mézières, après les discussions auxquelles leur *praticabilité* a donné lieu lors du procès Wimpffen-Cassagnac, après les polémiques qui ont suivi. Or, le général Kessler s'en est tenu aux seules routes du Morthéan et du Lazaret [3].

Et nous rappelons ici que, pour prendre les détestables chemins du bois de la Falizette, *l'armée entière eût été forcée de passer d'abord par Saint-Menges,* où se serait produit un encombrement phénoménal, et de déboucher sur une même voie,

1. En réalité, pas un soldat, pas un cavalier, pas un artilleur allemand ne se risqua dans ces primitifs chemins. (*Revue de cavalerie,* numéros de janvier 1903, p. 412 et 413, et de mars 1903, p. 689, 690 et 691.)

2. *La Retraite à Sedan,* p. 26 et 27.

3. Voir, *suprà,* p. 9. — Le général Kessler, auteur du travail sur la viabilité de la forêt des Ardennes cité *suprà,* nous a déclaré, le 13 juin 1903, qu'il renvoyait purement et simplement, sur cette question, à sa *Notice descriptive* et que, conformément à cette *Notice,* les chemins ruraux de la Falizette ne pouvaient servir à la retraite d'une armée, que le défilé de Saint-Albert était la *seule voie* à prendre pour gagner Mézières par l'ouest.

simple chemin d'intérêt commun, où pareil encombrement se serait renouvelé, sous les balles et les obus de l'ennemi, maître de Bosséval, d'Issancourt et de Montimont [1].

La marche dans les ornières des étranges routes militaires du général Canonge et de MM. Debord, Coustis de la Rivière, Guèze et Gendron eût été d'autant plus impossible que, le 1er septembre 1870, ces tristes chemins n'étaient pas en l'état *sec* où nous les avons vus, le 24 mai 1903, à l'endroit le meilleur, près de la Foulerie, car il ne faut point perdre de vue que, si, le 1er septembre de l'abominable année, il faisait beau temps, des pluies diluviennes étaient tombées les jours précédents et avaient défoncé même les bonnes routes.

En quel gâchis se trouvaient donc les simples chemins d'exploitation ou ruraux ? Nous le répétons : un homme y aurait laissé ses bottes, une voiture d'artillerie s'y serait enfoncée jusqu'au moyeu !

Voici la preuve du régime pluvieux qui a existé dans le nord-est de la France avant la bataille de Sedan. « Le *mauvais état des chemins* (de Douzy à Villers-Cernay) *offrant de grandes difficultés au mouvement des batteries,* la 1re Abtheilung montée s'était tenue, pendant la marche, derrière la 2e brigade d'infanterie, afin de ne pas la retarder [2]. » — « A partir de Saint-Pierremont, la route (cette route, qui conduit à la Besace, n'est pas un mauvais chemin rural comme celui de la Falizette, c'est mieux qu'un chemin vicinal ordinaire, c'est un chemin d'intérêt commun [3]), tourne à gauche et se prolonge dans la direction du sud au nord ; elle devient plus accidentée, plus resserrée, *et les pluies en ont rendu le parcours des plus pénibles.* Aussi la colonne s'allonge, la marche se ralentit [4]. » C'était le 29 août.

---

1. Voir, *suprà*, p. 17 et 18.

2. *La Guerre franco-allemande*, 2ª partie, p. 1130. — Colonel Rousset, t. II, p. 206.

3. Carte de France du ministère de l'intérieur, feuille XXII — 10.

4. Prince Bibesco, p. 83. — « La marche en avant avait presque l'air d'une retraite. Les troupes fatiguées, mal nourries, mal équipées, exposées, quelquefois, à *des mauvais temps continus*, perdaient, chaque jour, le peu de cohésion qui leur restait ; les traînards augmentaient. » (Général Derrécagaix, p. 272.) C'était le 28 août. — « Le matin du 28 août, *sous une pluie battante et par des chemins détestables* (ce n'était pourtant

En toute cette querelle tactique, combien est regrettable la façon de raisonner de nos adversaires ! Prenons un autre exemple. On a vu que, lorsqu'il s'agit de faire manœuvrer les troupes de Ducrot, les mauvais chemins ruraux sont, pour eux, de superbes routes ; en revanche, quand il s'agit de l'arrivée des troupes allemandes, les chemins d'intérêt commun, qui sont des sortes de routes départementales, deviennent des voies de communication presque impraticables.

Ainsi, M. Ducrot, par la plume du colonel Gillon, prétend que les chemins de Pouru-aux-Bois, de Pouru-Saint-Remy, de Douzy à Saint-Menges sont « souvent des chemins douteux [1] », et n'admet, pour les régiments adverses qui les ont suivis, qu'une « vitesse de 4 kilomètres à l'heure, au grand maximum [2] ». Alors nous demandons, si des chemins d'intérêt commun bien entretenus ne permettent que cette vitesse, ce que sera celle d'autres régiments ne pouvant utiliser que des chemins ruraux, c'est-à-dire moins bons que des chemins vicinaux ordinaires, qui ne valent pas, certes, les chemins d'intérêt commun ?

Nous allions clore ce *post-scriptum* quand nous eûmes la bonne fortune de dîner avec le général Bonnal, dont nos contradicteurs ne nieront pas la compétence, puisqu'ils l'invoquent, à tort, il est vrai. Nous causâmes longtemps et nous résumons ainsi l'entre-

---

pas de simples chemins ruraux), l'armée de Châlons commença la retraite. » (Colonel Rousset, t. II, p. 207.) — « *Le chemin est très mauvais*, le pays devient accidenté ; souvent on est obligé de *doubler les attelages de nos lourds caissons ;* la pluie se met à tomber. » (Dr Sarazin, p. 87.) C'était le 27. — « Quelle boue ! Quelles averses !..... Il est midi ; nous sommes en route depuis 5 heures du matin et nous avons fait dix kilomètres. » (*Ibid.*, p. 88.) Même date. — « Le jour se lève gris et triste..... la pluie continue à tomber. » (*Ibid.*, p. 90.) C'était le 28. — « La route, *affreusement dé-foncée par le passage de l'artillerie*, traverse un pays boisé et montueux..... *Nous avançons lentement dans la boue, par une pluie battante, avec des temps d'arrêt continuels.* » (*Ibid.*, p. 92.) Même jour. — *Ibid.*, p. 93. — Le 28 août, la « marche se trouva encore ralentie et *par le mauvais état des routes, qu'une pluie incessante rendait presque impraticables.....* » (*Opérations et marches du 5e corps*, par le général de Failly ; Bruxelles, Lebègue ; p. 41.) — Le 23, « *la pluie tombait par torrents.* » (Colonel Grouard, p. 29.) — *Ibid.*, p. 42. — « *Il avait plu beaucoup la veille* (le 22) *et le jour même.* » (*La campagne de 1870 jusqu'au 1er septembre* ; p. 83.)

1. *Retraite sur Mézières, Annexe à la Journée de Sedan*, par le général Ducrot, p. 13.

2. *Ibid.*

tien : « Il n'y a pas lieu de discuter sérieusement le passage de
l'armée de Châlons, en totalité ou partiellement, par le bois de
la Falizette, le 1ᵉʳ septembre, à 9 heures, même à 8 heures et
demie du matin ; elle n'aurait pas réussi cette opération, eût-elle
eu à sa disposition le défilé de Saint-Albert, et il était au pouvoir
des Allemands. » Le général approuvait pleinement notre opinion
sur l'impraticabilité, pour une armée, des deux chemins ruraux
de la Falizette.

Mais nous avions oublié de lui parler de la phrase citée par
Y. K. afin de démontrer la possibilité d'exécuter le plan Ducrot[1]
et nous écrivîmes au général pour lui demander l'explication de
ladite phrase.

Immédiatement, il nous a répondu en protestant contre l'em-
ploi qui avait été fait d'une fraction de lettre n'ayant nullement
la signification qu'on lui attribuait. Et le général ajoutait : « J'ai
été, en effet, témoin auriculaire, le 1ᵉʳ septembre, vers 8 heures
du matin, des dispositions que comptait prendre le général Ducrot pour replier l'armée sur Mézières, mais j'ai toujours pensé
qu'il aurait perdu ses canons et que notre retraite n'aurait pu
s'effectuer qu'à travers bois, en hordes. On aurait, peut-être,
sauvé ainsi 30 000 ou 40 000 hommes[2]. »

Voilà qui nous paraissait raisonnable et raisonné. Seulement,
restait à savoir quels étaient les bois à travers lesquels les 30 000
ou 40 000 hommes se seraient échappés par groupes.

Nous reprîmes la plume afin de poser la question au savant
général. Il nous répondit, très aimablement, qu'il se rendrait à
notre cabinet le lendemain et que, là, sur cartes, il nous expose-
rait ses idées.

Il en fut ainsi et, le 4 juin, pendant deux heures, le général
prit la peine de nous instruire. Tous les deux, nous étions, nous
sommes du même avis sur la retraite ordonnée par le général
Ducrot.

Je me trouvais près du Calvaire d'Illy, nous dit le général
Bonnal, quand le commandant en chef, qui n'avait pas de cartes

---

1. *Revue de cavalerie,* numéro de décembre 1902, p. 281.
2. Lettre, inédite, à nous adressée le 2 juin 1903.

à la main, donna ses premiers ordres, entre 8 heures et 8 heures et demie. S'adressant à des officiers d'artillerie, il leur cria : « Vous allez prendre droit devant vous. » Et, d'un geste, il leur indiquait la forêt des Ardennes, au nord d'Illy [1]. Puis, il prescrivit à des fractions d'infanterie d'accompagner les batteries afin de les protéger contre des attaques possibles.

« Vous voyez, ajouta le général Bonnal, qu'il n'était question de passer ni par Saint-Menges ni par la Falizette. Quand je vous ai écrit que 30 000 ou 40 000 hommes pouvaient, de 8 heures à 11 heures du matin, se sauver à travers bois, j'entendais les bois poussant au nord de Fleigneux, d'Illy, de Givonne et au moyen des excellentes routes, établies du sud au nord, qui, toutes, conduisent en Belgique. Là, ces 30 000 hommes auraient fait ce qu'ont fait les 10 000 qui ont quitté le champ de bataille avant 11 heures *et qui sont entrés en Belgique :* ils auraient rapidement traversé le territoire neutre et seraient rentrés en France. Mais, *comme vous,* j'ai la conviction que ces milliers de soldats n'auraient pu franchir la Falizette. Je ne veux pourtant pas dire que 200 ou 300 hommes ne seraient pas arrivés à se glisser entre les compagnies et escadrons allemands chargés d'intercepter le passage du côté de l'ouest ; c'est tout. »

« Alors, mon général, nous sommes bien d'accord sur ce point ? » lui dîmes-nous.

« Parfaitement, nous répondit-il. C'est par les routes du nord et en empruntant le territoire belge que les échappés auraient gagné Rocroi ou Mézières. »

De nouveau, le 9 juin, devant quelques amis, le général Bonnal a développé cette opinion. En résumé, il pense que la retraite était souhaitable et possible le 31, mais que, le 1er septembre, dès 8 heures du matin, la perte de l'armée de Châlons était fatale, qu'elle était enserrée de telle sorte que la retraite lui était coupée de tous côtés et que 30 000 ou 40 000 hommes seulement, aban-

---

1. Le général Ducrot a reconnu avoir donné cette direction et cette seule direction puisqu'il a écrit : Nos divisions d'infanterie pouvaient « s'écouler lentement par les bois qui s'étendent *d'Illy et Fleigneux* à la frontière belge » (*La Journée de Sedan,* par le général Ducrot, p. 43) et non par ceux qui s'étendent de Saint-Menges et la Maison-Rouge à la frontière belge, c'est-à-dire la Falizette et le Grand-Canton.

donnant canons et voitures, auraient pu s'évader par les routes coupant la forêt des Ardennes du sud au nord, entrer en Belgique et gagner la France au moyen des chemins du nord-ouest.

Pour lui, la thèse de la retraite de l'armée n'est pas soutenable.

Donc, nous avions affirmé :

1° *Que, de l'est à l'ouest de la Falizette, il n'y avait même pas de chemin vicinal ordinaire.* Le général Canonge n'a pu nous en montrer un seul ;

2° *Que l'unique chemin rural, traversant ce bois de l'est à l'ouest, était celui conduisant de Saint-Menges à Bosséval.* C'était vrai, puisque, des deux autres, signalés par le général, l'un va du sud au nord, de la route de Sugny à un point plus septentrional de la même route, et que l'autre, partant de Saint-Menges, monte vers le nord, par la ferme du Champ-de-la-Grange, pour atteindre pareillement ladite route de Sugny, au nord-est de Bosséval[1] ;

3° *Que tous ces chemins ruraux étaient « impraticables pour la plupart des voitures[2] ».* Il a suffi de les regarder pour comprendre que, seules, des charrettes pouvaient s'y risquer, et qu'elles y resteraient, *embourbées*, si l'on avait l'imprudence de les y conduire en temps de pluie, ou, *enfoncées*, si l'on en faisait passer plusieurs, les unes après les autres, en temps sec ;

4° *Que ces chemins étaient trop étroits pour permettre un écoulement appréciable d'infanterie.* Là, encore, un coup d'œil a démontré que trois hommes, au plus, pouvaient y marcher de front, mais que ces trois hommes, à cause des ornières et des branches débordant de chaque côté, se changeraient bientôt en un seul, en file indienne, au bout de quelques minutes de fatigue ;

5° *Que nous avions averti nos lecteurs de l'existence de ces mauvais chemins ruraux et de leur degré de praticabilité[3] ; que nous avions même écrit que l'on serait peut-être parvenu à y faire rouler une ou deux batteries mais pas davantage[4].* Nous sommes

1. Voir la carte de l'État-major, au 50 000ᵉ, revisée en 1888.
2. *La Retraite à Sedan*, p. 28.
3. *Ibid.*, p. 26, 27 et 28 ; *Revue de cavalerie*, numéro de mars. p. 10 et 11.
4. *La Retraite à Sedan*, p. 26 et 27.

désolé que le général Canonge les croie propres à supporter le passage de l'artillerie d'une armée.

Alors, nous nous en référons, de nouveau, à notre *Retraite à Sedan* et à la présente étude, singulièrement fortifié que nous sommes, sur cette question de la Falizette, par le puissant appui du général Bonnal. Nous soutenons, de plus en plus, que des chemins en état de permettre le défilé d'une armée ou d'une portion d'armée, de l'est à l'ouest de la Falizette, ne sont tracés sur aucune carte ; qu'il y avait impossibilité matérielle, absolue, pour les Français, d'entrer, le 1er septembre, à 9 heures du matin, dans le bois de la Falizette et d'en déboucher par le côté ouest, au cas où cette entrée serait admissible. Nous laissons au général Canonge la responsabilité tactique des affirmations contraires.

14 juin 1903.  A. D.

Nancy, imprimerie Berger-Levrault et Cⁱᵉ.

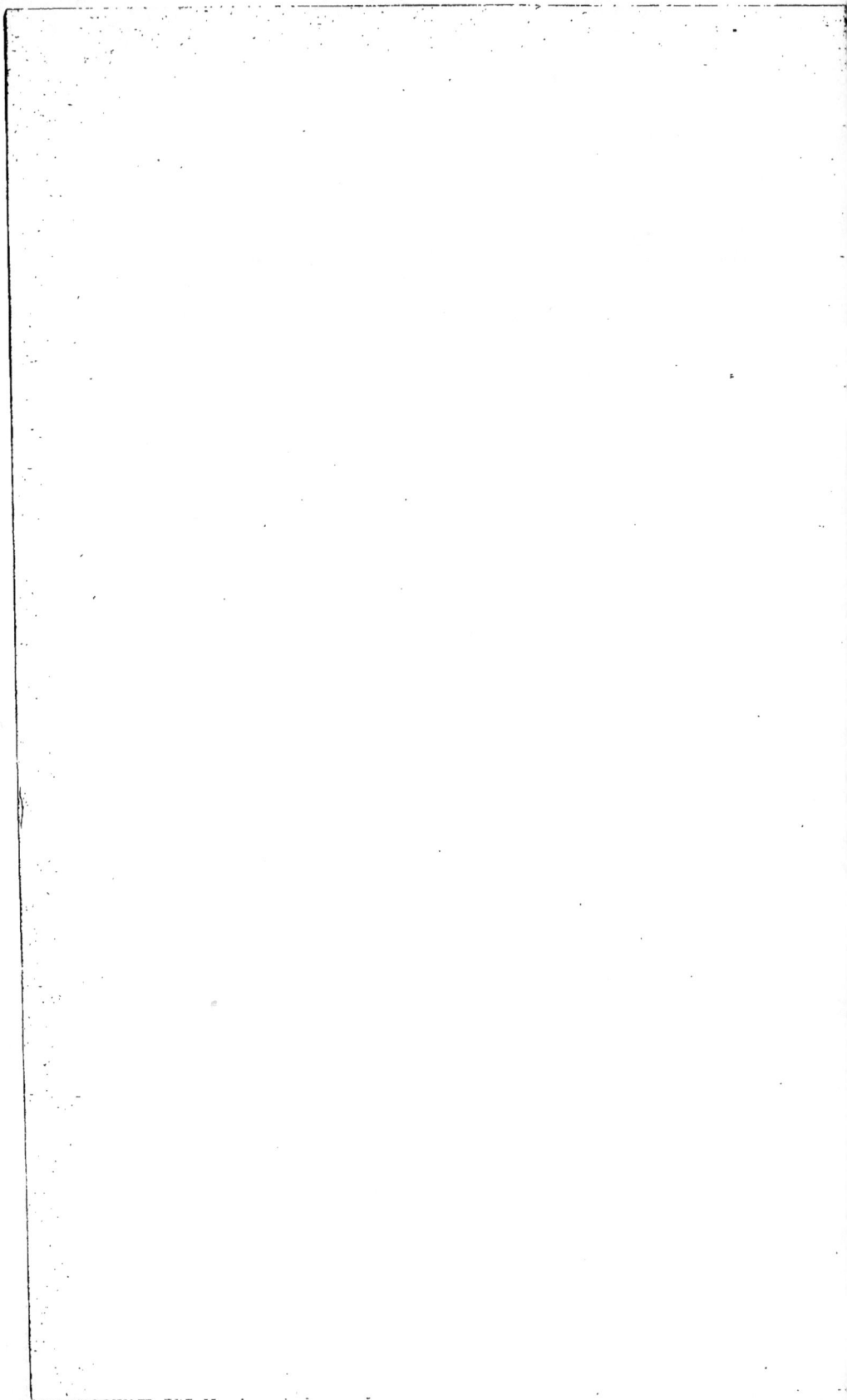

BERGER-LEVRAULT ET Cie, ÉDITEURS
PARIS, 5, RUE DES BEAUX-ARTS. — 18, RUE DES GLACIS, NANCY.

PIERRE LEHAUTCOURT

HISTOIRE DE LA GUERRE DE 1870-1871

— PREMIÈRE PARTIE —

LA GUERRE DE 1870

EN COURS DE PUBLICATION

Tome Ier. — *Les Origines.* — *Sadowa.* — *L'affaire du Luxembourg.* — *La candidature Hohenzollern.* — *La dépêche d'Ems.* — 1901. Un volume in-8 de 422 pages, broché . . . . **6 fr.**

Tome II. — *Les deux Adversaires.* — *Premières Opérations* (7 juillet-2 août 1870). — *La France : La nation et l'armée.* — *La concentration française.* — *L'Allemagne.* — *Premières opérations.* — 1902. Un volume in-8 de 488 pages, avec 2 cartes, broché . . . . **6 fr.**

Tome III. — *Wissembourg, Fræschwiller, Spicheren.* — 1903. Un volume in-8 de 395 pages, avec 4 cartes . . . . **6 fr.**

En préparation : **Les Batailles sous Metz.** Un volume. — **Sedan.** Un volume. — **Capitulation de Metz.** Un volume.

— SECONDE PARTIE —

LA DÉFENSE NATIONALE

COURONNÉ DEUX FOIS PAR L'ACADÉMIE FRANÇAISE (2e GRAND PRIX GOBERT EN 1899 ET EN 1900)

Campagne de la Loire. — Tome Ier. *Coulmiers et Orléans.* 1893. Un volume de 478 pages, avec 6 cartes . . . . **7 fr. 50 c.**
— Tome II. *Josnes, Vendôme, Le Mans.* 1895. Un vol. de 448 p., avec 13 cartes. **7 fr. 50 c.**
Campagne de l'Est. — Tome Ier. *Nuits* — *Villersexel.* 1896. Un volume de 301 pages, avec 7 cartes . . . . **5 fr.**
— Tome II. *Héricourt* — *La Cluse.* 1896. Un volume de 300 pages, avec 4 cartes . . **5 fr.**
Campagne du Nord. — *La Défense nationale dans le Nord de la France.* Nouvelle édition, entièrement revue et corrigée. 1897. Un vol. de 359 p., avec 9 cartes. **6 fr.**
Siège de Paris. — Tome Ier. *Châtillon, Chevilly, La Malmaison.* 1898. Un volume de 415 pages, avec 4 cartes . . . . **6 fr.**
— Tome II. *Le Bourget* — *Champigny.* 1898. Un vol. de 447 pages, avec 4 cartes. **6 fr.**
— Tome III. *Buzenval* — *La Capitulation.* 1898. Un vol. de 460 pages, avec 5 cartes. **6 fr.**

Le premier Déploiement stratégique des Allemands en 1870, par Pierre Lehautcourt. 1903. Brochure grand in-8, avec 4 croquis hors texte. . . . . **1 fr**

BIBLIOGRAPHIE GÉNÉRALE DE LA GUERRE DE 1870-1871
Répertoire alphabétique et raisonné des publications de toute nature concernant la guerre franco-allemande parues en France et à l'étranger, par le commandant Palat, chef de bataillon breveté au 54e régiment d'infanterie, précédemment au 2e bureau de l'état-major de l'armée. 1897. Un beau volume in-8 de 592 pages, broché. **15 fr.**

Nancy, impr. Berger-Levrault et Cie.

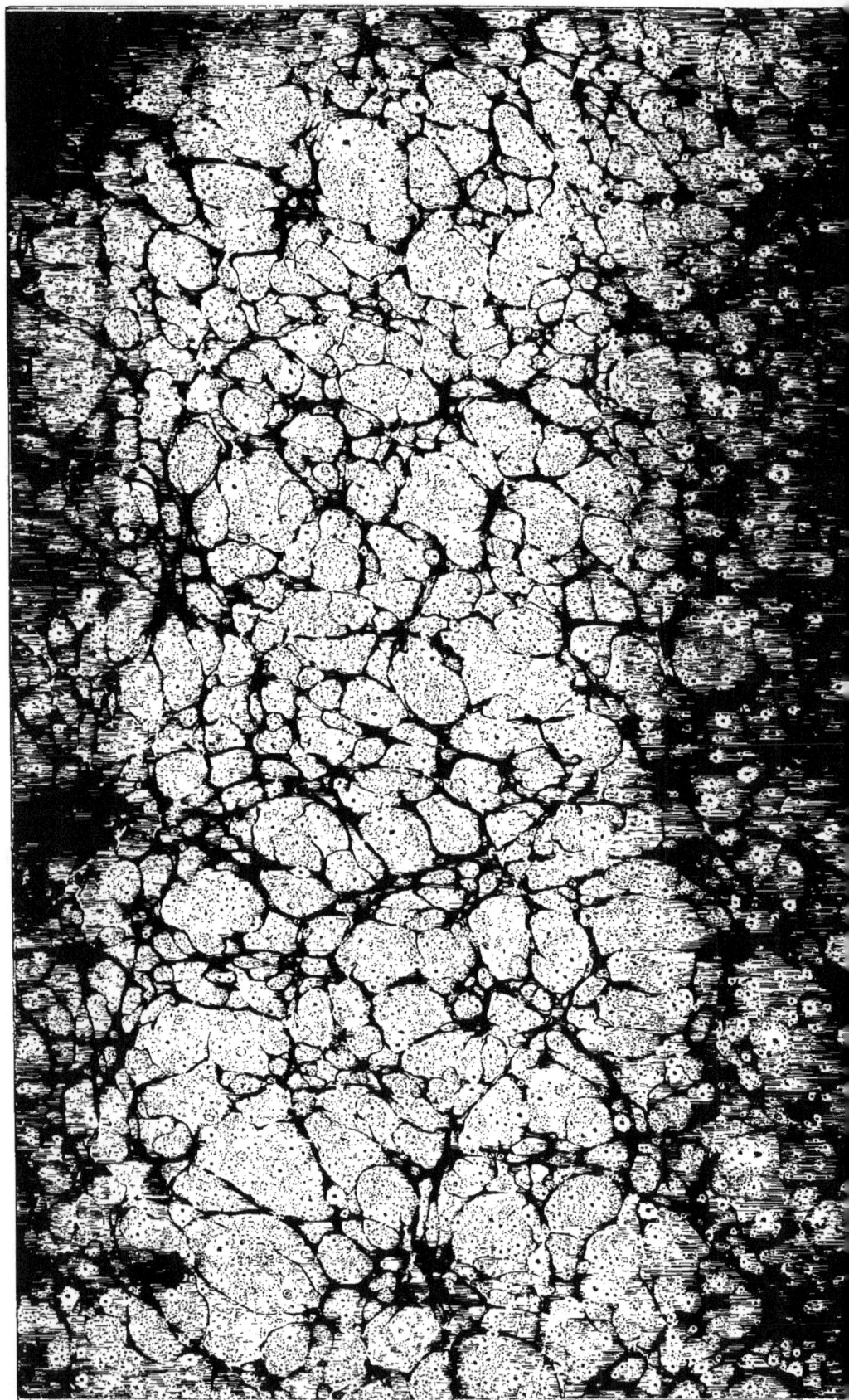

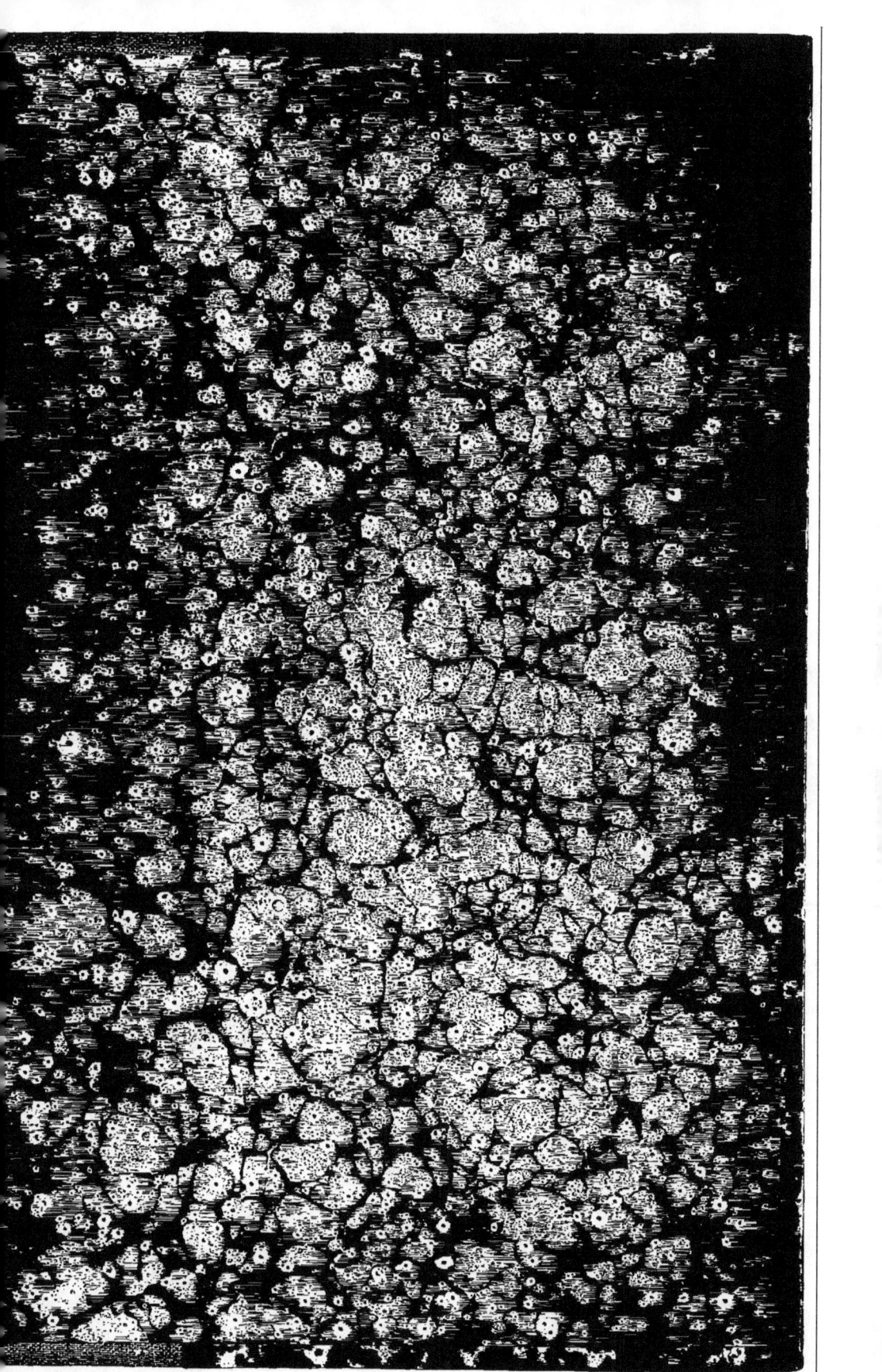

www.ingramcontent.com/pod-product-compliance
Lightning Source LLC
Chambersburg PA
CBHW071812090426
42737CB00012B/2054